ダメ上司のトリセツ

働く女子必読！
会社で地雷を踏まないために

関下昌代
Sekishita Masayo

さくら舎

はじめに

いったい今まで何人の上司に仕《つか》えてきただろう。

生まれて初めて働いたのは、高校一年生の春休みだった。

場所は熊本市議会議員に立候補した人の選挙事務所。

上司という存在に初めて出会ったのもこのときである。おじいさんのようなその人から細々《こまごま》とした仕事を指示され、うまくいかないこともあって楽しいとは言えない時間をすごした対価がこのアルバイト代。

渡された薄い茶色の封筒には、小銭と数枚の千円札が入っていた。

手に小銭の重みを感じながら、私は、働くことって楽ではないけれど、自分でお金を稼ぐって凄い！と思った。

高校卒業後すぐに就職した銀行からスタートした私の仕事人生は、正社員、派遣社員、臨時職員、派遣社員、パートタイマー、正社員と、自分をとりまく環境の変化に応じて働き方を変えながら30年がたち、今はフリーで仕事をしている。

山あり谷ありの曲線が多い私の仕事を含めた人生にはいつも通うべき「職場」があり、そこには必ず上司がいた。

振り返ると、いろいろな職場で出会った上司たちの顔が浮かんでは消える。

自分の年齢の変化にともない、上司との年齢差も変化していった。

最初は親と同世代の上司だったのが、いつの間にか、干支《えと》が一回りほど違うお兄さま、お姉さま、そのうち自分と同世代になり、最後は年下の上司になった。しかも日本人だけじゃなく外国人もいた。

まだ純だった頃の私は、上司の送別会で別れがつらく涙が止まらなかったことがあった。一生ついていきたくなる上司もいれば、一日も早くいなくなってほしい上司もいた。

会社生活を卒業して10年がたった今、苦楽をともにし、一緒に働いた上司たちを思い浮かべるとき、上司の顔には明らかに濃淡がある。

驚くことに、はっきりと顔と名前を思い出し、懐かしさでいっぱいになるのは、好きだった上司じゃなくて大嫌いだった上司のほうなのだ。

上司の嫌だった部分、上司と険悪になり修羅場となったあの場面……本当は思い出したくもないはずなのに、不思議と「ダメ上司」とレッテルを貼った上司の仕草や言葉が記憶に鮮明に刻まれている。これはどうしてなのだろう？

結局、こうして時間が経つと、「ダメ上司」から学ぶことが多かったことがわかる。

どんなに嫌なことでも、ある程度時間がたたないとはっきりと見えてこないものがある。

私には、上司と反《そ》りが合わないことを気に病んで、眠れない夜もあった。

この本は、過去の私のように「ダメ上司」に苦しんでいる人に捧げたい。

「上司のトリセツ」をお読みいただき、上司への接し方を今より少し変えるだけであなたの未来が明るく変化すれば、こんなに嬉しいことはない。

それから……。

「私はダメ上司ではない」と信じて疑わない自信満々の上司の方へも伝えたい。

あなたは会社から評価されて今のポジションにいる。自分の言動にはまったく問題ないと思い込んでいることが、実は部下から見ればストレスなんですよ、ということも知ってほしい。だから上司がお読みいただいても目が覚めることがきっとあると思う。

関下昌代《せきしたまさよ》

目次◉ダメ上司のトリセツ――働く女子必読！ 会社で地雷を踏まないために

第1章　上司の本音と理屈を察する

第2章　上司を動かすトリセツ

【報告】

【連絡】

【相談】

第3章　上司の感情・気分のトリセツ

第4章　上司にアピールするトリセツ

第5章　セクハラ・パワハラ上司のトリセツ

ダメ上司のトリセツ

——働く女子必読！　会社で地雷を踏まないために

序章　上司は自分で選べない

1. すべての上司は「ダメ上司」である

いきなり上司のことを「ダメ上司」と呼ぶ私に、きっと反感をもつ人も大勢とは言わないが、ある程度の人数はいるだろう。

「私の上司は、ダメ上司なんかじゃないわよ！」

しかし、考えてみてほしい。

あなたの上司はあなたの理想の上司と言えますか？

と聞かれたら、きっと答えは、「いいえ」だろう。現実には存在しないから「理想」の上司なのだから。

自分の上司を「まったく〜！　こんなところがダメなんだから」「こんなことも知らないなんてバカじゃないの？」と上司の欠点に呆れたり、困ったり、腹が立ったりすることは日常的にあるはずだ。

だけど、自分の上司を第三者……たとえば私、他の部署の人、別の会社の人、友達、あるいは家族から「あなたの上司ってダメよね。たとえばさ〜こんなところが……」と非難されると、ちょっと面白くない気分になる。

自分もそう思っているのだから一緒になって悪口を言えばいいのに、そうはならず、むしろムッとする。その後、相手に言いたくなる言葉は「いやいや、そんなダメばかりじゃなくて、少しはいいところもあってね……たとえば……」。だけどその言葉ものみ込んでしまう。ダメな上司の味方をすれば自分もダメな上司と同じレベルのダメな部下に見られるのが怖いからだ。

まったくの他人である上司、しかも普段からダメだなぁと思う上司を、身内のようにかばいたくなる瞬間があるから人間ってつくづく不思議だと思う。

なんだかんだ不満はあっても、ダメな上司のレッテルを貼っても、私の上司にはできればこうあってほしいという一縷《いちる》の望み、ささやかな期待がある。これって愛なのか!?

長く一緒に働いていると多少の情もわくというものである。だから心の底から憎めない存在なのだろう。

いやでも一緒に過ごす時間が長い上司。嫌な上司に当たった私はなんて不幸なのだろうと思って暗い顔になり、貧乏くじを引いたと不運を嘆いても状況は変わらない。

この本で皆さんにお伝えしたいのは、どんなふうに上司とつき合っていけば会社が楽しく変わるのか？

「運命は自分の力で変えられる」ということ。

それは上司に対してあなたがどんな態度をとるかによって違ってくる。日々の仕事で上司とかかわらないわけにはいかない。ダメ上司でも上司である以上、あなたを評価する人だから邪険にはできない。そんなあなたにとって重要な人物に対してどんな態度を選ぶべきなのか？　自分の態度は自分で選べる。今こそ考えるときがきた！

職場が今より面白い場所になるのか、このままとげとげしいいばらの場所のままなのか、あなたの態度こそが運命の分かれ道である。

偉そうに上から目線の私のものの言い方に、ムッとされる人もいるかもしれない。今年57歳になろうとしている私は18歳から46歳までオフィスで働いた経験をもつ。

30年ほど企業に勤めながら、複数の会社を経験した私は「ああ、このひと言のせいで上司を激怒させてしまった～」と今振り返れば恥ずかしきことの多いこと、冷や汗ものである。上司と対立し、彼らを不機嫌にさせたことで私は損をしたことがある。

私の上司は、自分を気持ちよくさせてくれる後輩をかわいがった。可愛い部下と一緒に居れば気分もよかったことだろう。

私はあからさまに上司と対立した結果、重要な仕事の打ち合わせから外されそうになった。挙げ句のはてに、私の異動の希望は通らず、まだ入社して日が浅い部下の希望が叶った。また、あるとき、上司を激怒させたことで、私を部署から追い出そうと働きかけられたり、そのせいで職場で完全に孤立するはめになった。

そんないくつかの失敗を重ねた結果、ようやく「ああ、こうすればよかったのね」と見つけた職場での気持ちの切り替え方、上司との向き合い方をここに書いてみる。読者の方々に少しでも職場での時間を、今より少しでも生きやすく、過ごしやすくなってもらえればと祈る気持ちなのである。

2. 上司のトリセツ「私の五ヵ条」

上司とのかかわり合いの中で、自分の失敗、痛い思いをした経験から学び、身につけた上司とのつき合い方のキーワード、私の五ヵ条について説明しよう。

一、尊敬する

上司は経験と実績を評価され、部下を率いる能力を認められたからこそ、そのポジションに就《つ》いている。また、上司がもっている人脈、ネットワークの種類は侮れない。なぜなら組織のキーパーソンとのパイプをもっている可能性もある。ウマが合わないとか、好きになれない上司であっても、そこは最低限でいいので「尊敬の念」をもつこと。相手を尊び敬う気持ちは、あなたの言葉や態度に直結する。上司に対して常に忘れてはいけない心がけである。

二、美意識と仕事を切り離す

自分の美意識。たとえば、「人前で髪の毛をかきむしらないで！　不潔！」「鼻毛が伸びている、だらしない」など。就業規則に違反するとか、コンプライアンス上問題のある言動ならともかく、「生理的に嫌！」な部分と、仕事を完全に切り離そう。自分の美意識にいちいち引っかかっていては本来やるべき仕事に集中できない。上司は上司としての仕事をしてくれればそれで十分である。部下に見えるところでひげを剃る、爪を切る、歯磨きをするなど、気に障《さわ》ることには目をつぶり、ネガティブモードからいちはやく解放されよう。

三、見守る

上司にも上司がいる。だから部下との板挟みで上司もつらい立場なんだなーと大きな視点で、たとえば保育士さんになった気持ちで上司を見てみると別の見方ができる。ひとつの事態にすぐに反応して一喜一憂せず、ちょっと冷静な目でその現象を見てみると自分が感情的にならない。視点を変える一瞬の「間」がクッションとなり、上司に暴言を吐かずにすむ。

四、褒《ほ》める

上司も人間、誰かに褒められ、承認されたい欲求がある。「今日のプレゼン、○○についてのスライドのとき、会場のみんながうなずいていましたよ。課長の話、いつも落語みたいに面白いですね」などの具体的な褒め言葉が上司のプライドをくすぐり、メンツを守る。上司を機嫌よくさせるようにもっていくのも部下の役目と心得る。

五、黙っていない

上司の話の後に黙っていると、何も意見がないのかと思われる。上司は自分の話した内容を部下が理解したのかどうかを知りたい。だから上司の話した言葉を復唱する、自分の意見があればその場で言語化する。「そうですか。○○の件、承知しました。今、私が感じることはこんなことです」などと何かしらの意思表示をしないと、「それで満足」と思われる。「この人、自分の意見をしっかりもっているんだな」と存在感を示すことも大事。存在感ある部下になることは、上司から信頼される第一歩である。上司が困ったとき、「○○に関して、あなたはどう思いますか？」と意見を求められる部下になる。意見をはっきり言うと、ときには「生意気な部下」と思われるかもしれない。でも、いざというとき、頼りになる部下でいたい。

3．上司のせいにしないでワクワクは自分で作り出す

星の数ほどある会社の中から、今の会社を選び、選ばれて入社したのは「偶然」だろうか？　単なる偶然か運命なのか？　わからないけれど、たまたま入った会社で、たまたま配属された職場での上司との出会い。そこには何らかのご縁があったとしか言いようがない。

大抵の場合、上司は自分で選べない。「Given」……与えられた上司への不満。これは誰にでもある感情だろう。自分だけ変な上司にあたってしまった。私はなんて不幸な星のもとに生まれたんだろう（涙）……などと、同期の上司と自分の上司を比べて「ああ……貧乏くじを引いた私は運がない」と落ち込まなくてもいい。隣の芝生は青く見えるのだから。同期のよさそうな上司だって、同期とそりが合わないことがあるかもしれない。

なんだかなあ……と粗がたくさんあり、突っ込みどころ満載の上司のほうが部下が育つのも事実。そんなときは出来の悪い上司に感謝してもいいくらい。上司の不得意な部分をさりげなくカバーして自分が自然と目立つようにしていけば、仕事ができるあなたは信頼

できる印象を周りに植えつけ、キャリアのドアがいくつも開いていく可能性が高まっていく。

要は、「上司が悪い」と暗い顔をして愚痴を言う暇《ひま》があったら、自分ができることを見つけ、せっせと仕事の守備範囲と社内と社外の人脈、人とのネットワークを広げ、そのネットワークを持続させて使うことにエネルギーを使うべきだ。

出来の悪い上司のおかげで、新しいことをどんどん覚えていける環境を自分で作り出す。そんな上司を踏み台にする「したたかさ」がないと、これからの変化の激しい会社環境、職場環境では生き残っていけない。

第1章　上司の本音と理屈を察する

1．イラッとするのは理想の上司と現実のギャップである

毎年1月、2月に新社会人になる学生を対象に「理想の上司」のアンケート調査がある。毎年のことながら、まだ学生の身分の人たちに理想の上司を聞いてもしようがないと思う。上位にランクインする有名人はアニメのキャラクターと一緒。ただの虚像である。この人の下だったら楽しく働けるかも！　と感じるのは、未知の世界への憧れであり、一瞬の夢なのだから。

そうはいっても、若者から支持される上司像を知っておくのも自分の理想の上司とのギャップを測るうえで無駄ではない。

２０１９年の明治安田生命保険相互会社のアンケート結果は以下のとおりである。

男性上司

１位　内村光良　　２位　ムロツヨシ　　３位　博多大吉・設楽統

女性上司

１位　水卜麻美　　２位　天海祐希　　３位　吉田沙保里

理想の上司像から見えてくるのは、親しみやすさ、話しやすさ、ユーモアのある明るさ、仕事に打ち込む半端ない集中力と優れた結果を出し続ける頼もしさなのだろう。そんなスーパーな上司を期待して社会に出るから、新人たちも不幸である。理想の上司とはかけ離れた現実と向き合うはめになるからだ。彼・彼女たちの逆境へ立ち向かう不屈の精神に期待し、エールを送るしかない。

さて、社会人の経験を数年積み、理不尽で不平等な社会の荒波にもまれることで大人として成長し、新人の頼れる先輩になっても、悲しいかな私たちは、理想の上司を追い求めている。

先日、女性ばかりの社員研修で働きづらいと思うことは？　という質問に「上司との関係」を口にした人が多かった。さらに何が不満なのか聞いてみると、こんな答えがかえってきた。

上司たるもの、

「部下には優しい言葉で接するべき」

「新しいことにチャレンジするべき」

「周りの空気を読んで行動するべき」

「部下とは気軽な世間話もするべき」

と、自分の理想を「べき」で押しつけてしまう。上司の立場からすると、一方的に自分勝手な理想を押しつけられても困るのだろうけど、上司は部下の求める「べき論」がまるでわからないし、わかろうともしないのが普通。というか、わからなくていい立場なのだ。

なぜなら、会社という組織は基本的にはピラミッド型で上下関係がはっきりしている。つまりトップダウンということ。上層部で決められたことが命令となって下に降りてくる。納得のいかない指示であっても上が決めたことには従わなければならない。部下としては文句が言える立場ではない。

ましてや、部下が「○○であるべき」などと理想を振りかざすのを無視できるのが上司。「理想を言う暇があったら、求められる役割をこなし仕事の結果を出せ！」というのが上司の論理である。

さて、仕事を完璧にこなしても、現実の上司は理想へと一ミリも近づかない。だから、イライラは解消されず、積もるばかりなのだ。

つまり理想と現実のギャップ、これがイライラの原因、元凶である。

イライラはマイナスの感情。こんなことで表情を暗くするのを今日からやめよう！　理想の上司はいないのだとあきらめるしかない。

不満を言う彼女たちの上司はこんなタイプである。

・数値を使って相手を追い詰め、部下に逃げ場を与えない
・保守的で変化を嫌がる、守りに入っている
・部下や周りの人の状況や気持ちを考えない、空気を読めない
・仕事以外の話に興味がなく、冗談も通じないカタブツ
・言うことがコロコロ変わる気分屋
・はっきりものが言えない、優柔不断
・部下の手柄を自分の手柄にするセコさ
・お気に入りの部下だけを可愛がる

よく耳にする名言がある。「過去と他人は変えられない。しかし、自分と未来は変える事ができる」（カナダ出身の精神科医エリック・バーン）。

この「他人」を上司と読み替えると、潔くあきらめがつくと思う。上司たちはこれから変わる可能性はほとんどゼロ。期待するだけ無駄というもの。そこで、部下であるあなたが考え方を変える。これがうまくいかない上司とうまくいく近道の解決方法であり、あなたの未来をよりよい方向に変えることが可能になるのだ。

2. 上司はあなたの評価者であることを忘れない

どんなに、バカじゃないの？　と思う一面がある上司でも、あなたの普段の仕事ぶり、仕事の成績を記録し、評価する、あなたにとってとても重要な人物である。この大事なポイントをつい忘れてしまいがちなのは、感情的になり「部下である自分の立場」を見失うからだ。

目の前の理不尽な出来事にカーッとなり「私は絶対に間違っていない！」と正義感に燃えながら反論し、自分本位の正論を振りかざす。その瞬間は自己満足でスカッとするかもしれないが、確実に、百パーセント上司を不機嫌にさせる。

私が外銀（外資系銀行）で働いていたとき、自分の正論をぶちまけ、上司の顔を真っ赤にしたことがある。

不運というか、これも自業自得なのだが、上司を怒らせたタイミングが業績評価の面談時期の直前だったのである。一年を通じての業績評価は低くなった。上司の気分を害した直後の面接ではお互い気まずい空気。一年間自分なりに目標に向かって頑張ってきた日々が一瞬にして台無しになったのは明らかだった。

この苦い経験から、感情的になっていいことなどひとつもないことを、身をもって学んだのである。

上司からよい評価をもらうことは、人事データに残ることを意味する。よい評価も残るけれど、悪い評価も残る。

悪い評価がつくと後々に響くので要注意だ。悪い評価は昇給を低くし、ポジションも上がらない。後輩に追い越されるリスクもある。

将来の自分の仕事に悪影響を及ぼさないためにも、業績評価に汚点を残さないことだ。といっても気張らずに真ん中の「普通」をキープし、時々、チラホラと良い評価を取るように、頑張りどころ、踏ん張りどきを見極めて力を出してみよう！

階段の途中の踊り場でサボりながら、周りの状況を観察することは怠らない。エネルギーを蓄えながら自分のスキルを磨いておく。そうすれば、ここぞというとき階段を上るための力を出すことができる。

3. 上司はどんな部下を求めているのか

上司への不満、悪口を誰かに話す瞬間はすこぶる気持ちがいい。話した直後はスッキリする。だけど、将来、自分が上司の立場になったとき、今の上司よりましな上司に果たしてなれるだろうか？　という視点も大事である。

上司にとって一番ムッとくるのは、上司の指示に嫌な顔と態度をとる部下である。

たとえばこんなケースがある。

上司「Aさん、明日緊急な会議があるので、例の資料、今日中に出せる？」

Aさん「えー?!　そんなの無理です。まだ取りかかっていないし。急に言われても……」

Aさんのぶっきらぼうな受け答えと、ふくれっ面に上司は明らかに不機嫌な顔になり、職場に暗雲がたちこめる。職場の雰囲気はギクシャクとし、同僚や後輩をもネガティブなモードに巻き込み、仕事の生産性も低下の方向へ動いてしまう。

上司の口下手や説明の仕方が不十分だったり、部下とのコミュニケーションが苦手な上司は結構多い。指示がメールだけの場合もある。メールの微妙な言い回しのニュアンスで上司の言いたいことが部下に正確に伝わらないこともよくあるケース。

そんなときこそ、部下の腕の見せどころ、チャンス到来！　である。部下のほうから上手に質問し、上司の指示の背景、目的を知り、復唱してお互いの認識を一致させるのだ。

さっきAさんが感情的に反応したのは、課長の言葉「例の資料」を別な案件と早合点したかもしれない。冷静に質問すれば、解決の糸口がつかめるかもしれない。

さきほどのAさんの対応をこんなふうにしてはどうだろう？

「課長、ちょっと確認させてください」

メモを取りながら事情聴取さながらの質問をする。課長の置かれている立場と仕事内容をクリアにしていく。５Ｗ１Ｈに沿っていけば仕事を前にすすめるための情報を漏れなく得ることができる。

・例の資料とは、プランAの企画書のことですよね？（what）

・今日の何時までに仕上げれば間に合いますか？（when）
・会議の出席者はどなたでしょうか？（who）
・会議の場所はどちらでしょう？（where）
・緊急の会議が行われるのは何か理由があるのですか？（why）
・資料はパワーポイント1枚にまとめますか？（how）

このひと手間、相手から情報を引き出す姿勢が、これから起こるかもしれない余計なミスコミュニケーションを防いでくれる。

今抱えている緊急の仕事がなければ、課長の求める資料は作れるかもしれない。何か緊急な仕事を抱えていれば、そのことを申し出、どちらを優先すべきか、課長に相談できる。

「できません！」と即答せず、どうやったらできるかにフォーカスしていく。

上司は自分の指示に素直に従ってくれる部下。言わなくてもチーム全員に上司の言いたいことをわかりやすく伝え、上司の弱いところを助け、結果的に上司を勝たせてくれる部下を望んでいる。

結局、上司の立場になってみると自ずと見えてくる。部下には自分の手足になり、上司である自分のためになる働きをしてほしいと望むものである。

上司のタイプによってこうあってほしい部下というのはそれぞれ違うが、最終的にはチームとして目標を上回る結果を出し、上司に脚光を浴びてもらう。部下の頑張りあっての上司の「勝ち」なのだが、ここは上司に花をもたせることに徹しよう。組織で働く以上、これが部下の仕事である。

しかし、部下が上司より脚光を浴びるときもある。

「○○課長の部下のＡさんってものすごくキレるらしいよ。彼女なしではあんな結果にならなかったよねー」

こんな声が上司の耳に入ると、上司はどんな気分だろう？

「俺の指導がいいから部下がイキイキと仕事ができるんだ！」

ムッとしながらもこのように思い込もうとするだろう。

出来る部下の能力は認めつつも、上司にもプライドがあるからムッとするのだ。

「上司は傷つきやすい、ナイーブな人」

そんなふうに思っていてちょうどいい。

意識して上司を立てるような言動を選ぶことが、可愛がられる部下になる秘訣である。

4. 上司のメンツをつぶさない

「面子（メンツ）をつぶす」とは、どういうことだろう？
人の面体、世間体を汚して、不評や汚名のたねを作ることなどを意味する表現。（『実用日本語表現辞典』から引用）

私たちは無意識に上司のメンツをつぶしていることがある。無意識だから当然悪気はないわけで、部下としては自分に罪があるとは微塵も思わない。しかもこんなふうに思う。
「メンツなんか気にしてる。そんなちっちゃいことに拘《こだわ》るところがそもそも上司として失格じゃないの？」

しかし、「私は、上司なのだから！」と自分が部下より上に立つ「名誉あるポジション」を世間（自分の周りにいる人々）に対して誇示したい上司ほど、メンツを守ることに敏感であることを知っておく必要はある。

メンツを守ることに敏感な上司は、当然のことながらメンツをつぶされると、ものすごく怒る。

上司を怒らせると怖い人もいるだろう。だけど怒りっぽい上司ほど部下としては扱いやすい。なぜなら怒りのポイントを外せばいいのである。

外銀勤務時代に痛い経験をしたことがある。

私の上司が他の部署の上司たちに「リーダーシップ」についてレクチャーをしている話を聞いていた私は、とてもよいアイディアだと思ったので、さっそく上司に「さきほどお話しされていたやり方をうちの部署でもやってみましょう！」と提案した。すると上司の顔がみるみる真っ赤になり、彼は怒って私を部屋から追い出した。

チームメンバーのモチベーション向上のため、よかれと思って提案した私は驚いた。それまでうまくいっていた上司との関係に突然ヒビが入った。部屋から追い出されたときはとてもショックだった。「なぜ？　どうして？」という感じだった。

しかし、あとで冷静になりよく考えてみると、私は暗に「あなたは、上司として適切なリーダーシップをとっていませんよ」と上司に面と向かって指摘したのである。上司は痛いところをつかれ怒ったのである。そう、まさしく上司のメンツをつぶしたのだ。

自分の考えでよかれと思って行動するときは、私のように即実行じゃなく、相手の状況などをよく考えてタイミングよく動く必要がある。

5. なぜ上司に認めてもらうことが必要なのか

仕事をする上で、上司との信頼関係が薄いと、よい仕事はできない。「この人には仕事を安心して任せられる」と上司から信頼されないと、やりがいのある仕事はまず回ってこない。

同じ仕事を何年もやっているとマンネリ感に襲われる。新しい仕事をやってみたい、先輩が担当している仕事を引き継ぎたいと希望しても上司に信頼されていなければ、そのまま塩漬けにされるリスクがある。

しかも、信頼がないならば、あなたより上司に信頼されている後輩に仕事を取られる事態だって考えられる。

「あの子を贔屓《ひいき》してる！」と嫉妬する前に自分の普段の仕事ぶりを客観的にチェックしよう。納期は守っているだろうか？　上司に反抗的な態度をとっていないだろうか？

上司に認めてもらうには、上司と一緒に仕事という共通の体験を通してコツコツと実績を作る。何事も小さな積み重ねから始めよう。実際に上司に認めてもらうにはそれなりの時間が必要であることも覚悟しなければならない。

上司をサポートしながら会社に貢献する姿勢、職場を明るくする雰囲気作りなど、「彼女がうちの職場にいてくれてよかったな」「この人にはうちの職場にいてもらわないと困る」と思われるような存在感のある人になることである。

一方で、上司の信頼が厚いと、ピンチのときに味方になってもらいやすい。

たとえば、ライフイベントである結婚、出産、育休、介護休暇など。これらのイベントは、仕事に影響するので早めに上司に伝えることが大事である。

上司は職場を離れるあなたのために、あなたが抱えている仕事を誰かに割り振らなければならない。割り振られる側は面白くない。なぜなら今の仕事にプラスα「余計な仕事」が増えるからだ。

ここは上司に味方になってもらわなければ、同僚の理解、協力を得て安心してライフイベントに集中できないのである。

そこで普段からの仕事ぶりがものを言う。上司に「この人は信頼できる」と思われるように上司に貢献する（イコール会社に貢献する）姿勢をみせておくこと。信頼され、認められれば相談事もしやすい。日々上司との関係性をよくしておくことが結局自分にプラスになって返ってくるのである。

6．上司を巻き込み、動かす発想への切り替え

職場はチームで動いている。どんなに部下の「個の力」が優れていても、チームとしての結果がどうかで会社から評価される。

「こんなダメな上司のもとでやってられるか！」と負のエネルギーをためこむと不運を自分で呼び込むようなもの。

ダメな上司をいかに巻き込み、盛り上げ、上司も自分も同僚も、少しでも気持ちよく働ける環境を作る。これが一人ひとりの仕事のやる気を生み出すことにつながる。

職場のみんなが気持ちよく働きやすい環境を作るのは、立派なリーダーシップのスキルのひとつである。

職場の空気が暗いようなら、バカになろう。駄じゃれを言って「寒い」と笑われてもい

い。職場には「笑い」の瞬間がないと、リラックスできない。緊張ばかりでリラックスできないとよいアイディア、柔軟な発想などできないし、仕事の効率もよくならない。

話はそれるが、私はカラオケが下手である。音痴であることを自分でも自覚している。だけど、誘われると仲間に入れてもらい下手なりに歌い、他の人の歌の盛り上げ役に徹する。それでみんなが楽しい時間を過ごせればそれでいい。下手のおかげで、上手な人が目立てばそれでいいのだと思う。いつも誰かに勝とうとしなくても、あえていさぎよく負けることで周りを気持ちよくさせていると思えば何も怖くない。完璧な人などいない。不完全さがその人との心理的な距離を縮める効果は大いにあると思う。

7．サイレントな職場だからこそアピールチャンス！

職場でしゃべらない人が増えた。ＩＴ技術の発達でそのうち人間は口が退化していくかもしれない。

こんなサイレントな職場だから、基本的な挨拶である「おはようございます」「お疲れさまです」「いってらっしゃい」「おかえりなさい」「お先に失礼します」を明るい声で言うと目立つ。パソコンにへばりついているのがよいこととは限らない。顔を上げて、声を出し、イキイキと立ち働くことが周りに「あの人元気だよねー」「感じいいよねー」「明るいよねー」という印象を与える。本当はネクラかもしれないのに、こんなふうに周りに思ってもらうことは、キャリアを切り開くにはとてもプラスに働く。

誰かに人を紹介するとき、自分も同じように紹介してもらえるような人間かどうか、チェックする必要がある。

自分が後で恥をかくような人を誰も紹介しようとは思わないだろう。

紹介したくない人はたとえばこんな人である。

・礼儀作法が身についていない（マナーが悪い）
・責任感がない（時間・締切にルーズ）
・公私混同（仕事とプライベートの境界線があやふや）
・健康的な印象がない（笑顔がない・暗い雰囲気・人の悪口が多い）
・コミュニケーション力不足（報告・連絡・相談をしない）

・話しかけづらい（プライドが高そう・世間話ができない）

人に好かれているか、人から信頼されているか。「口コミ」の情報は侮れない。日常の小さな工夫の積み重ねが、目の前のダメ上司から、よい上司に巡り合えるチャンスを生んでいく。

すべての自分の言動は、いつかブーメランのごとく自分に返ってくる。

第2章　上司を動かすトリセツ

この章では、具体的にどう上司と接し、仕事を前に進めるかについてお話ししたい。

職場には自分が得するための三段跳びがある。それは、ホップ（報告）ステップ（連絡）ジャンプ（相談）。誰にでもできる身近なアクションなのだが、意外と意識しないと身につかないものでもある。


最近のオフィスの中は静かになった。ほとんどの人がパソコン、スマホなど、画面を見ながらひたすら入力している風景が当たり前になった。昭和を色濃く引きずってきた世代にとっては大きな変化である。

電話の（鳴る）音が飛び交い、人の声でにぎやかな職場は遠くなりにけり。電子メールがなかった時代は、電話の声などの人の会話から、誰がどんな相手とどんな仕事をしているのか、耳に入る情報で、クレームに対応中なのか取引の進捗《しんちょく》状況がスムーズなのかまで、ほぼ把握できていた。

ところが、今は情報のシェアを自ら意識し発信していかないと、「隣は何をする人ぞ」なのである。自ら進んで声をかけることを心して実践していかないと陸の孤島に取り残される。情報が不足していることこそ怖いものはない。

だからこそ、誰もが「コミュニケーション力」の大切さを力説している。「わが社が欲しい人材はコミュニケーション力が高い人です」というが、コミュニケーションとはいったい何なのか？　人との会話のキャッチボールができ、ある程度会話が途切れない雑談力もコミュニケーション力のひとつだろう。

この本では、すでに使い古された感のある、「報告」「連絡」「相談」にフォーカスしたい。なーんだ！「ほうれんそう」。そんな当たり前の話、誰もが知っています！　と言われそうだが、自分を振り返り、検証してみると、上司とのコミュニケーションにおいて意外と「報《ほう》・連《れん》・相《そう》」ができていないことに愕然《がくぜん》としないだろうか？

職場での上司とのコミュニケーションは報告、連絡、相談につきる。世の中のニュースを見ると、組織のあらゆる問題（政界、スポーツ界、芸能界）は、報告・連絡・相談の欠如からきている。この報告・連絡・相談がタイムリーかつ、しっかり行われていれば回避できたトラブルは多いのではないだろうか。

まずは言葉の定義を押さえておこう。（三省堂『大辞林』より）

【報告】つげ知らせること。特に、研究や調査の結果、与えられた任務の結果などについて述べること。また、その内容。「報告書」「仕事の進捗状況を報告する」

【連絡】関係の人に情報などを知らせること。「連絡がとだえる」「警察に連絡する」「連絡をとる」

【相談】物事を決めるために他の人の意見を聞いたり、話しあったりすること。また、その話し合い。「旅行の日程を相談する」「相談に乗る」

この章では、あなたの上司を動かすために必要な「報告」「連絡」「相談」について、押さえておきたいポイントと、地雷を踏んで痛い思いをした女性たちの事例を紹介する。

【報告】

1．報告は上司を安心させるプレゼンテーション（結果・中間・トラブル）

あらゆる仕事には、その報告が求められる。上司から「あの件、どうなった？」と言われなくても素早く報告する癖をつけておこう。

「こんなことまで報告するの？」と思うようなことも最初は報告したほうが無難である。

上司から「それは報告しないでいいから」と言われたら、これから「その程度のこと」の報告は省略すればいい。

そのうち上司が「これに関しては敏感なんだな」という項目がわかるようになる。上司が重視していることに関する報告をすればいいのである。

報告は、自分を守るアクションである。上司を早めに巻き込めば、問題が起こった場合にも素早く対応し、会社としての損失を最小限にすることができる。このことは自分の評価にも直結するので、悪い報告ほど真っ先に報告しなければならない。

全ての仕事が終わってはじめて報告するのでは遅い。途中経過の中間報告。これをやっておけば、上司は頼んだ仕事の進捗状況が把握できるので好印象をもつだろう。

このとき、困っていること、相談したいことがあれば、「相談」も一緒にしよう。上司も一緒に考えてくれる状況を作るのだ。

上司から貴重なアドバイスがもらえればラッキー。その先の仕事が楽になって、これも自分を助けることにつながるのだ。

（地雷）期限ぎりぎりの提出で修正時間なしの時間切れ

銀行の人事部研修課で仕事をしていた私は、上司から社員研修プログラムについての企画書を作るよう指示を受けていた。課長が人事部長会議で発表する予定の企画書だった。私はこの企画テーマについては、専門書を読んだばかりだったので簡単にできると高《たか》をくくっていた。提出期限の午後5時に企画書を課長に手渡した。自信があった内容だったので「よく頑張った」とねぎらいの言葉をかけてくれると信じていた私は、課長から怒鳴られた。

「なんだこれは！　今どきの新入社員でももっとましな企画書をもってくるぞ。書き直し！」

企画書を突き返されて茫然《ぼうぜん》となった。何がいけないのかサッパリわからない。途方に暮れた私は、ただ立ち尽くすしかなかった。今から書き直しなんて時間的に無理！

何がいけなかった？

① 上司は、何をどう修正する必要があるのか明確に指示すべきである。

② 上司は自分が発表するのだから、自分の責任である。「企画書」についてもっと早く私に進捗状況をたずねるべきであった。

③　私は自分を過信していた。早めに上司に「こんな案を考えていますが、いかがでしょうか？」と中間報告するべきであった。

（解説）答え③

どんなにその仕事に自信があっても、いや、自信があるからこそ、早めに上司に中間報告したほうが、最終的に、より質の高い仕事ができる。

中間報告を怠ると、軌道修正すべきタイミングが遅れる。途中で報告するたびに課長から指導を受けられることは自分にとってプラスになる。「ここまでできました」だけではなく、「ここで壁にぶつかっていて困っています」と報告すれば助け舟を出してもらえる確率は高い。

上司との関係がギクシャクしているようだったらなおさら、積極的にコミュニケーションを図り、上司の機嫌をよくしておくのがその後の仕事を楽にする。

（地雷）お得意様の入院を報告しなかったせいで起きたトラブル

エステサロンで働く私は入社３年目。ようやく特定のお得意様を任され、個室でフェイシャルとボディのケアができるまでに成長した。

ある日、50代の常連のお客様Aさんが「実は、これから入院することになったので、しばらくエステにもこられないわ」と私に告げて帰っていった。

フロントにいる店長は40代のベテラン。もともとはエステティシャンで個室担当だったが、今は店長として働いている。私のお客様はみんな店長から引き継いだ。

数ヵ月後、店長は、最近いらっしゃらないお客様リストを見ながら順番に電話連絡をしていた。リストにあったAさんの自宅に電話すると、旦那様が出て「家内は入院が長引いていてしばらくエステには行けないでしょう」と言われた。

私は店長から、「なぜこのような大切な情報を報告しなかったのか！」と、こっぴどく叱られた。

何が問題？
① 私は、お客様の個人情報だから入院のことを店長に言わなかっただけ。叱られるのは心外だ。
② 私は入院のことを店長に報告し、お客様の様子を店長とともに気づかうべきであった。
③ 私は、店長がお客様に電話する仕事があることを知らなかったのがいけなかった。

（解説）答え②

お客様が入院するという情報は店長と共有すべきだった。以前は店長のお客様だったのならなおさら重要な情報である。前任者から受け継いだバトンをもって走るのは自分だが、よりスムーズに前に進むには、上司と一緒に次々に現れる障害を取り除いていく方法を考えていく。報告とは上司と部下にとっての重要な情報交換、情報の共有のための欠かせないコミュニケーションなのである。

そうはいっても、どこまでの情報を上司と共有すればいいのか、判断できない場面もあるかもしれない。いちいち報告すると「うるさい！」と言われそう！

そんなときは、とりあえずは全部報告してみよう。いちいち報告しなくていいことは、上司の反応で判断すればいい。ただ、大事なのは、自分に見えていないものが上司には見える場合がある。情報は宝物の一面をもつ。恐れないで仕事の報告はせっせとするようにしよう。

今回のケースでは、もし情報を共有していれば、店長は「最近サロンにお見えでないですが……」などと、配慮を欠いた電話をすることはなかっただろう。

お客様が入院のことを担当者に伝えたのに、店長に伝わっていなかったという事実はお客様をがっかりさせる。「私は大切に扱われていない」と感じるからだ。お客様が退院後、またエステに行き、担当者に会いたいわ♡　とは思わないだろう。こうして大切なお客様が離れていくことは避けたいものである。

2. ダメ出しは「改善」のチャンス

部下がせっかく報告をしたのに「なんだ、私の指示と違うじゃない」とか、「もっと別の方法があったでしょう」とか、「まだここまでしかできてないの？」など、部下のやる気を損なうようなものの言い方をする上司がいる。

そんなダメなダメ出しに対して、「ああ、やっぱり私は仕事ができない」と落ち込んだり、「あんな言い方しなくてもいいじゃない！　報告して損した！」などと、怒っている場合ではない。

報告をしたから上司にもダメ出しのチャンスが生まれた。上司は、当然のことながら部下を指導しなくてはいけない立場なのだからダメ出しをする。と同時に、上司風を吹かせられるから「ダメ出し」することに快感をもつものである。

ここは上司の言葉の使い方や態度の悪さには目をつぶり、自分の仕事をよりよくするチャンスととらえてみよう。

上司のダメ出しの内容・意味に耳を傾け、方向転換なり、修正なりをすれば上司の求めるポイントが見えてくる。あとは、次から同じダメ出しをされないよう学習機能を働かせるのみである。

上司からアドバイスがもらえて幸せ。おかげでより中身のある仕事が完成できれば上司も自分もハッピー。もらったアドバイスは次に生かそう♪　ダメ出しの数だけ自分の成長につなげていく、打たれ強さを身につけよう。


（地雷）上司の言葉「私にプレッシャーをかける気?」

経理課に勤める私は入社三年目。思いどおりに仕事を仕切ることができるようになり余裕の毎日を過ごしていた。

ある日課長から、毎年課長が担当していた年に一度の本社に報告書を作る仕事を頼まれた。「課長の仕事を私が!?」ハードルの高い仕事が私にできるかしら？　と不安になったが、課長が先輩のＢ子じゃなく私にその仕事を頼んできたことが誇らしくて引き受けた。

案の定、初めての仕事なので時間がかかる。日々の業務を工夫して素早くこなし、作った時間を誰にも邪魔されない会議室にこもりながらなんとか締切日の三日前に仕上げることができた。

報告書が完成した瞬間、達成感でいっぱいになった。課長からお褒めの言葉をもらえることを疑わず、課長の机のトレーに仕上げたレポートの束、その根拠となる数字の資料５冊分を課長の机の脚元に置いた。

その日課長は、会議からなかなか戻ってこない。私はもどかしかった。課長から「よくやったじゃない！」と声をかけられるのを待った。夕方、席に戻った課長の表情は暗い。トレーに山積みのレポートを見て私に言った。

「あなた、私にプレッシャーをかける気!?」

褒められるのではなく、逆に上司を怒らせてしまったことにショックを受けた。こんなに頑張ったのに！　私は泣きそうになった。

何がいけなかったのだろうか？
①　上司はたまたま虫の居所が悪かった。私は運が悪かっただけ。

②　上司はまさか期日までに私が仕上げるとは思っていなかった。「今まで私の仕事だったのに……」私への嫉妬心が芽生えたのだ。

③　上司は別件のプロジェクトで多忙であり、気持ちに余裕がなかった。

（解説）答え③

私は、初めてのハードルが高い仕事を任されて有頂天になっていた。その仕事をやり遂げることにばかりに集中していたため、課長がいかに忙しい案件をかかえているかなど考えてもみなかったのである。

上司の言動（しゃべり方・歩き方）や机の上（書類の散らかり方）を見ると、その忙しさ加減というのは伝わってくる。

課長がパツパツなところに、緊急ではない案件をもっていくのは、課長に負担をかけることになる。上司に感情的になられては逆効果である。頑張った仕事の成果は、気分よく上司に見てもらいたい。部下より責任があり、仕事の量が多く、守備範囲が広い上司の立場になって考えればわかることである。

報告はただすればいいのではない。上司の状況を見て、報告してよいタイミングかどうかを見極めることも必要なのである。

3．報告は結論から

いざ報告をするとき、途中経過や言い訳から入る部下がいる。これは上司を確実にイライラさせる。特に限られた時間を作って話を聞こうとしている上司、他のことが気になっている上司からすると「結論から言いなさいよ！」と、ピシャリと言われても仕方ない。相手をイライラさせたと思った瞬間、「ああ、不機嫌にさせちゃった。どうしよう」と萎縮し、声が小さくなれば、ますます、上司をイライラさせる。

意識して、まず「結論」を話す。それからその結論に至った経過や根拠の順番でいこう。面と向かって話すときも、電話も、メールなどの文書でも同じである。

こんなケースを見てみよう。

営業1課の課長は、新規プロジェクトの初回のミーティングを企画している。プロジェクトメンバーは10人。明日15時から社内の適当な場所を予約するように言われた私だった。

（悪い例）

課長、場所の件なんですけど。会議室は営業２課がたくさん部屋をおさえていて……。いったい何に使うんですかね？　だって、10人にちょうどいい広さのAもBもCも予約しているんですよ。自分たちだけで占領してますよね〜。ありえないですぅ。ひと部屋だけでもゆずってもらえないか探ってみますね。

課長は忙しい。このようにだらだらした話し方は課長をイラッとさせる。真っ先に結論を言うべきである。営業２課に交渉するのであれば交渉後、予約できた結果だけ最初に報告する。その後、「営業2課がゆずってくれました」と経過を報告する。

（よい例）

課長、明日の初回のミーティングの件でご報告です。

５階のD会議室を15時から２時間予約しました。

ほかの部屋は残念ながら全部予約済みでした。

D会議室は20人用の広さですが、こちらでよろしいでしょうか？

課長は「広い分には問題ないよ。ありがとう！」となるだろう。

報告は、結論から、シンプルに箇条書き的に伝えるとわかりやすくなる。

4. 事実と自分の意見は分け、さらに提案してみる

さて、先ほどの悪い例のように、報告している途中に、自分の意見や感想を差し挟んでしまうと、報告の内容がぼやけ、「で、結局、いったい何が言いたいの？」となる。

真実（いつ、どこで、誰が・何が、どうした、そうなった理由はかくかくしかじか）とまず報告。

そこに、「これは私の意見ですが」とつけ加えるように述べると、相手も時系列なので報告内容が伝わりやすく、遠回りしていないので、イライラなどの上司が感じる「ノイズ（うるさいなーと感じる余計な雑音）」を発生させにくい。

ノイズは、上司が情報をキャッチしようとする姿勢を妨害する。部下が報告の途中で自

分の意見・感想を入れてしまうと、上司には、こんな感情がわき起こる。

「今、君の意見は聞いていない。それは私にとってどうでもいい話」

「報告の途中にどうでもいい話が多すぎる！」

このような気持ちのざわつきは「雑音」というノイズである。ノイズが邪魔をして、本来伝えるべき報告がうまく伝わらないのは上司にも部下にも不幸なことである。

ノイズのせいで、せっかく報告したにもかかわらず、後になって上司から「それは聞いていないぞ」「いいえ、確かに報告しました」なんてすれ違いが起こる可能性がある。


さらに、自分の意見を伝えたら終わりではなく、もう一歩、プラスαの「提案」をすれば、「この人は、部署のこと、会社全体のことをきちんと考えている」とポイントを稼ぐことが可能である。


上司から指示を受けた仕事は、結果を報告するのが当たり前である。ただし、指示されたことだけをやるのであれば、あなたは「指示待ち部下」になってしまう。

部下として常にプラスαの考え……つまり、「この仕事をもっと正確に早く、シンプルにするにはどうするか？」の視点が重要なのだ。

報告を「義務」のように堅苦しく考えず、「アピールチャンス」と前向きにとらえれば、仕事の中に楽しさを見いだすことができるというもの。

たとえば月報など、定期的に提出するレポートがある。ただ、「いつものようにやりました」ではなく、「こんなやり方はどうでしょう?」と世の中の動きに合わせたシステムの導入や、見せ方を変えたレポートを提案するなどやってみてはどうだろう?

この場合、注意することは、上司より自分のほうがITに強いので得意顔になってアイディアを主張すると「上から目線」になり、上司の気分を害し、素直に話を聞いてくれないことがある。

あくまでも「こんなやり方もありますが、いかがでしょうか?」と控えめで謙虚なアプローチが、上司に可愛がられるコツである。

5. 「正直さ」が何より大事(自分の省エネにつながる)

失敗をしたときは「ああ、やってしまった!」と落ち込んだり焦ったりするが、失敗は誰にでもあるのであまり深刻にならないほうがいい。失敗を恐れて窮屈に働くより、失敗したら、そこから何かを学べてよかったと思うべきだろう。

いちばん「やってはいけない」のは、失敗を隠すこと。ミスは隠していても時間がたつと必ず発覚するようになっている。従って、早めに報告して楽になったほうが自分のため、イコール会社のため。上司を早めに巻き込むことによって、「会社としてどうするか？」の態度が明確になる。これが早ければ早いほどいい。自分ひとりで問題を抱え込むことは、孤独でつらいものだ。報告が遅れれば遅れるほど、事態は悪化する。上司を巻き込めば、心の負担が間違いなく軽くなる。連帯責任という逃げ道が見つかるのも良い兆しなのである。

正直に失敗を認め、上司に素早く報告すること。これによって失敗による傷を浅くしよう。上司に「どうしてすぐに報告しなかったの？」と言われては、どんな言い訳も無効、通用しない。失敗を認めて早めに謝罪すれば、誠実な態度が相手の怒りを和らげる。これはクレーム対応にもいえること。正直さが仕事をするうえでなにより大事な資質だろう。正直さは、どんなピンチもチャンスに変えてくれる力を秘めている。

（地雷）失敗を隠そうとしたため広がった損失

私は銀行の法人、事務部門に配属され2年目。後輩も入ってきた。後輩から頼られる先輩でありたいと思う。最近、慣れてきた日々の業務がつまらなく感じてきた。隣の営業チームで結果を出し、イキイキと活躍している同期がうらやましい。私だって地味な事務よりも、もっと刺激ある花形の部署に移りたい。そのためにはどうしたらいいのか……と考えていた矢先の出来事だった。

月末は大量の事務処理をこなす必要があり、毎月疲弊する。取引先A社の金利の数字を間違えてシステムに入力してしまった。数分後、間違いに気がついた。しかし、すぐに上司に報告しなかった。この間違いを隠せないか？　と思ってしまった。ミスが後輩に知られたらかっこ悪い！　後輩の指導役である私の立場はどうなる？　60分が経過、金融市場の為替レートが動いたため、A社に大きな損失を出してしまった。そのことに気がついたのは、A社の営業の担当者であった。私は上司に呼び出された。損失の金額を聞いたとき、青ざめた。損失額は私の半年分の給料だった。

何に問題があったのだろう？

① ミスに気がついた時点で、素早く上司に報告すべきであった。

② 為替レートが逆に動いていれば利益を生んだケース。私は不運であった。

③ 月末の忙しさで人的ミスはつきもの。会社がロスをかぶればそれで済む話だ。

（解説）答え①

月末で忙しいのはただの言い訳である。ミスに気がついた時点で何よりも優先して上司に報告すべきである。自分の体裁など気にしている場合ではない。早めの対処ができればミスを最小限に抑えられる。事務部門から営業部門への報告も迅速に行い、会社として取引先に真っ先にお詫びの一報を入れ、実質的な損失が起きないように最善の努力をするべき。真摯《しんし》で誠意ある対応は、結果的に取引先に受け入れられ、ピンチをチャンスにもっていくことも可能となる。「ミスを隠す」ことは最も悪い選択である。隠せば隠すほど、後で言いづらくなり、損失も膨らむものである。

悪いニュースこそ、とにかく真っ先に、上司に報告しよう。

6. 相談してアドバイスをもらったらその結果を報告する

職場の同僚、後輩、勤務先の大学生に至るまで、いろんな相談を受ける。転職、異動、プライベートにわたって相談に乗りアドバイスをしたりするが、その後、どうなったかを報告してくる人がいないことに驚く。こちらとしては、「どうすればいいのでしょう?」と聞かれると、「頼られてる」感が嬉しい。だからその都度、考えられる精いっぱいのアドバイスをする。

しかしながら、それが功を奏したのか、あるいはよい結果を生まなかったのか、報告してこない。私は自分のアドバイスの結果が気になるのだが、相談してくる側は、相談だけして、その後の報告についてあまり気にしないようである。

なので、相談の後、「その後、おかげさまでこうなりました」などと結果を報告してくる人に大変な好感をもつ。

不幸にも、こちらからアドバイスしたとおりにアクションを起こしたがうまくいかないケースもあると思う。悪い結果はアドバイスをした人に対し、報告すると気分を害されるのではないかと、申し訳ない気持ちのせいで、報告しづらいのかもしれない。

実際はその逆である。どんな結果になっても「報告してくれてありがとう」となる。悪い結果が人づてに相手に伝わるとさらに気まずくなる。相談相手を失うより、またいつか相談できる人間関係をキープしたい。

悪い結果の場合は、「アドバイスのとおりやってみましたが、よい結果が生まれませんでした。だけど、今回のことを○○に生かしたいと思います」という報告があるのとないのとでは全く違う印象を相手に与える。

あらゆる仕事は、ＰＤＣＡサイクルが絶えず循環している。

ＰＤＣＡとは、Ｐ（Ｐｌａｎ　計画）、Ｄ（Ｄｏ　実行）、Ｃ（Ｃｈｅｃｋ　評価や確認）、Ａ（Ａｃｔｉｏｎ　改善）。

ＰＤＣＡそれぞれの段階において、上司への報告・連絡・相談というコミュニケーションが絶えずぐるぐると回りながら、仕事は前に進んでいるのである。

【連絡】

連絡は、仕事上の情報をそのまま関係者に伝えることである。報告が上司と部下の縦の方向のコミュニケーションだったのに対し、連絡は縦方向に加えて、横方向のコミュニケーションが入ってくるところが大きく違う点である。横方向とは、同僚、他の部署、お客様とのコミュニケーションである。

情報は生ものである。お寿司のネタと同じ。時間がたつと値打ちが下がり、ごみとなる。動きが速い今の時代に、時間の経過とともに古くなった情報は役に立たないのだ。従って、迅速に連絡すべき人々にもれなく情報が行きわたるよう気を配らなければならない。

1. 自分の外出先・帰社時間はボードに書くなどオープンにしておく

これくらいたいしたことないから、いちいち連絡しなくていいか……。で連絡しないことに慣れると、連絡したほうが断然いいことまで億劫《おっくう》になり連絡しなくなる。連絡の情報交換はチームで働くうえでとても重要である。

たとえば、取引先に出かけるような場合。行先と帰社時間、あるいは直帰するなどの情報をチームに連絡しておく。職場によってはホワイトボードなどに個人ごとの行先を記入するようになっているところもある。

最近は、ラインやスラックなどのアプリケーションを使い、スマホを通してチームで情報を共有している職場もあるようだ。連絡事項をいかにしてタイムリーに共有できるか……コミュニケーションスタイルも進化している。

たとえば、不在の人、田中さんあてに電話や来客があったとき、スケジュールボードに「田中：A社へ外出。帰社16時」と書いておけば、「田中さんどこ行ったの？」などと、余計な時間をとってお客様を待たせることがない。「田中はいつ戻るかわからないんですけど～」などとお客様に言えば、情報の共有ができていないダメな組織だと思われる。「こんな会社と取引して大丈夫かしら」とお客様を不安にさせたくない。

また、外出中に一度は職場に電話を入れるようにしたい。自分の不在中に何か起こっているかもしれない。緊急の連絡があれば、ここで知ることができる。誰かが連絡してくれるだろうではなく、自分から「何か知っておく情報がありますか？」と常に、上司、同僚、後輩と連絡をとる。声をかけ合い、キャッチボールをするイメージである。ボールを投げるのは相手が誰であれ、いつも自分から、と心得よう。

ボールを投げた相手がどんな反応をするか？　人によって投げ返されるボールもまちまち。「同じメッセージを投げたのに、この人から意外なボールが返ってきたわ♡」そんな意外性、驚きも興味深い。

私が外銀時代の先輩に言われた言葉は忘れない。

「仕事は追われるのではなく、追いかけていくもの」

有給休暇なども同じである。口頭で伝えても、いちいち他人の休暇まで覚えていない。「8月1日～7日まで有休。出社は8日」と書いておけば一目瞭然でみんなに伝わる。

（地雷）台風の影響で有休明けの初日に出社できず。自宅に人事部員が

夏休みを一週間とり、ボーイフレンドとグアムに出かけた。会社には行先は内緒にした。へたに行先を連絡し、独身の上司に嫉妬されてもいやだから。日曜の夜に成田に到着し、翌日の月曜から出社の予定であった。

ところが、台風の影響で予定の飛行機が欠航。月曜の午前10時に成田に到着したが会社には連絡しなかった。スマホの充電が切れていたし、公衆電話も多くの人が並んでいて時間がかかる。それならさっさと電車に乗ったほうがいい。会社に直行しようと思ったが、汗まみれのリゾート服ではかっこ悪い。とりあえず自宅に戻ってシャワーを浴びて出社しようっと。自宅のアパートに着いたのは昼の12時。家の前に人事部員が立っている。まさに大家さんが部屋を開けようとしている！　なぜ？　どうして？

私、何か悪いことした？

①　上司は異常な心配性。人事を巻き込むのはやりすぎ。プライベートの侵害だ。
②　遅れたのは台風のせいで不可抗力。私は悪くない。
③　私は月曜の朝に、出社時間に間に合わないことを上司に何らかの方法で連絡するべきであった。

（解説）答え③
有休は社員の権利である。十分に休暇を楽しんで充電し、元気に仕事に復帰してくれることを上司は望んでいる。

このケースは、月曜の朝予定どおりに出社しない私に上司は「何かあったのか？」と心配した。電話してもつながらないし、メールにも返事がない。病気で部屋の中で倒れていたらどうしよう！　私から何の連絡もないため、上司は人事に相談することになる。人事は会社のルールにそって、社員の自宅を訪問したのだった。

グアムから上司あてにEメールを送る、あるいは、成田から一本、電話連絡すればなんの問題もない話だった。また、有休の間グアムに行くことを上司に伝えてあったら、台風の情報により、「ああ、飛行機が飛ばなかったのね」と上司をここまで不安にさせずに済んだ。

休みの間はどこにいるのか、その連絡先などを上司に伝えておく。万が一何かが起こったときのことを常に頭におくことが大事である。

2. 机を並べて仕事をしているからといって「阿吽《あうん》の呼吸」は通用しない

最近の職場が静かになったとはいえ、上司や同僚の会話が聞こえてきたり、ランチタイムの雑談に仕事のことが話題に上ったりする。そうすれば、おのずと今、話していることが自分の仕事と関係があるのかないのかに人は敏感になる。今抱えている仕事以上に負荷がかかることは、変化に対応しなくてはならない状況を生むからだ。

人事異動、組織変更、新しいプロジェクト、システム変更など、仕事をとりまく環境は絶えず変化していく。

そんな中、実際の職場では、あえて連絡しなくても耳に入っているでしょう、つまり、「言わなくてもわかっているでしょう」的な情報は存在する。しかし、「察しの文化」はビジネスには通用しない。

報・連・相は言葉に出してはっきりと説明しなければ相手に正確に伝わらない。

（地雷） 出来る派遣社員に連絡漏れ、反感を買い仕事がやりづらい日々

定例のチームミーティングで、新しいシステムについて上司から説明があった。このミーティングには社員だけが参加する。派遣社員のA子はベテランで社員より仕事に精通し、新しいシステムを使うのも主に彼女であることはチームみんなが知っていた。A子と一緒に仕事をしている私は、今日のミーティングの内容を彼女に知らせなくちゃ！　と頭では

理解していたが、日々の忙しさで彼女に伝えなかった。

システム変更の当日、何も説明されていないA子は激怒して上司に訴えた。「なぜこんなに大事な変更について私に連絡がないんですか⁉」

A子は職場に戻っても怒りを隠さない。この日から私を無視するようになった。上司も私に対して冷ややかな態度をとり、仕事がやりづらくなった私だった。

何に問題があったのでしょうか？

① 上司はミーティングにA子を呼ぶべきだった。これは上司の責任であり私のせいじゃない。

② A子は新しいシステムに変更されることにうすうす気がついていたはず。だったらA子から「新しいシステムについて教えてください」と聞いてくるべき。

③ 上司が気が回らないのだから私がA子に、ミーティングで知りえた情報を連絡するべきであった。

（解説）答え③

チームで一緒に働く仲間に正社員も派遣社員も関係ない。お互いを尊重して仕事のゴールを共有していかないと、望むゴールにはたどり着けない。

そのシステムをいちばん使う立場にあるA子は、何も知らされないことで「仲間外れ」にされたと思ったであろう。職場のチームメンバー同士の横の連絡は、特に気をつけないといけない。連絡を受けなかった人の立場になって考えてみる必要がある。ひと言声をかけ、資料を見せれば何の問題もなかったケースである。「私はこの職場の一員である」という意識は仕事のモチベーションに直結する。

また、上司がA子に連絡するだろうと勝手に判断するのもよくない。たとえ情報の連絡がダブったとしても、「上司の○○さんから説明があったかもしれないけど、今回のシステム変更の件について私からもご説明しますね」。こんなアプローチがチームワークを乱さないためのコミュニケーションである。

3. Eメールで連絡、「情報の共有」の落とし穴

Eメールのメリットは、一度にその情報が必要なメンバー全員に同じメッセージを送ることができるという点である。

しかし、メールに頼りっぱなしでは思わぬ落とし穴に落ちるので気をつけたい。

メールのデメリットとは、

○見てほしいタイミングで見てもらえない。

相手の忙しさの状況がわからない、時差がある場所にいるかもしれない、メールのシステムにトラブルが発生しているかもしれないなど、送信ボタンを押したからといって、相手がすぐにあなたのメールを開封し、最後まで読んでその内容を理解するとは限らないのである。

○言葉のニュアンスがどのように伝わったかわからない。

言葉の言い回し、読みやすさなど、こちらの言いたいことがそのまま相手に伝わるとは限らないのである。長い文章は最後まで読みたくないし、要点がわからないメールには返

信する気持ちにならない。

このようなデメリットを考えると、メールにすべてを託すのはリスクがある。大事な内容は、直接会いに行く、手紙を送る、電話をかけるなど、状況によって使い分けることがよりよい人間関係を築いていく。

（地雷）メールを送ったので理解してくれて当然と思っていたら……

上司との情報の共有が大事なことはわかっている。だから取引先への大切なこととの連絡（打ち合わせの日時・取引内容の詳細・お礼やお詫びの挨拶など）のメールには必ず上司をＣＣに入れている。ほかの部署とのやり取りにも同じように上司をＣＣに入れている。私の情報の共有力はパーフェクト！

ある日、新しい取引先と、ようやく商談にこぎつけた。わが社に先方の担当者とその上司が来ることになった。もちろん日時もメールで上司と共有していた。当日午後2時。予定どおり、取引先の二人はわが社にやってきた。つつがなく応接室にお通ししてお茶も出した。さあ、いざ商談をする段階になり、上司が現れない。おかしいと思ってオフィスに行くと、上司は不在。なんとランチに出かけていた。「大事な私の交渉はどうなる！　相手の上司にも失礼じゃない！」上司の不在を何と言い訳していいのか、途方に暮れた私だった。

なぜ、こんなことに？

①　上司にはメールのＣＣで今日の商談の件を伝えてあった。上司のせいで私は恥をかいた。どうしてくれる⁉　上司の悪口を取引先にぶちまけた。

②　上司の携帯に電話した。上司は今日の商談のことを知らないという。メールを読んでいないのだ。なんというダメ上司。最低！「早く戻ってきてください！」と上司に命令口調で叫んだ。

③　メールにＣＣを入れたから、上司は読んでくれて当然と過信していた、私の認識が甘かった。

〈解説〉答え③

この上司は、メールボックスにＣＣで入ってくるものは読まないという主義だった。自分にＴｏが入っているものを最優先に見るため、ＣＣは自動的にごみ箱に行くように設定までしている。優先順位で仕事をするとそうなるからと上司は「俺はＣＣは読まない」などと平然と言う。こんな上司も実際にいるから、部下も大変である。

この上司のＣＣは見ないという習慣をいち早く知り（上司の好ましくない癖を知るには、普段から同僚や先輩の愚痴、うわさ話に耳を傾けておくとよい）、今日のような事態を招かないように、メールで送ったから安心ではなく、実際に面と向かって「○○社と何日何時に商談をすることになりました。課長も同席してくださいね」と念を押しておかないとダメなのだ。

部下がせっかく報告・連絡しているメールを読まない上司が悪い。でもこの場合、上司の悪い癖を見越して対処する。自分のストレスを軽減するため、自分が痛い思いをしないで済むように工夫し、ひと手間をかけ先回りして動く。ダメ上司にはそれしか方法はないのである。

また、①の態度は最悪である。上司に対して感情的になったとしても、取引先の目の前で上司の悪口を言うなどは全くの非常識である。取引先は「こんな子供っぽい意識の低い人たちとビジネスをして大丈夫か？」と、商談は成立するどころか、話も聞いてもらえないだろう。上司が遅れて参加することを、冷静になって心からお詫びするしかない。

4. 伝言メモは本人に伝わるまでが仕事のうち

不在の人あてに電話がかかってきたり、店頭に来客があることはよくあるケースである。「それでは、○○さんへ伝言していただけますか？」と言われたとき、過不足ない情報をメモにわかりやすく書く力も連絡のスキルのひとつである。

伝言メモは、ビジネス文書のひとつではあるが、他の報告書のように保存されるものではない。「メモ」はメモ用紙に書かれ、用事が終わればごみ箱行きの運命。なので、読む人にとって必要な情報が入っていればＯＫ。「お疲れ様です」や、上司あてだからといって丁寧すぎる敬語も不要である。「シンプル　イズ　ベスト」大事なのは、メモを見てひと目で「メッセージの内容」が伝わるメモを書くことである。メモを受け取った人に、「これ、いつの話？」とか「誰が受けたの？」などと質問させるようではメモの役割を果たしていない。メモに書くポイントはこの４点である。

伝言する相手の名前（誰にあてた伝言なのか）

伝言を受けた日付と時間（連絡すべき情報は生もの。鮮度が落ちないように心がける）

用件（伝えたいことは何なのか要点を書く）

伝言を受けた人の名前（責任の所在を明確にする）

（地雷）至急の伝言メモを、不在の上司の机に置いたままランチへ行った

ある日の11時45分。外線の電話を取ったら、上司あてだった。相手は古くからの取引先、さくら商事の専務だった。至急の要件なので、折り返し電話をくださいと言われた。私はメモを書き、課長の机の目立つところにそのメモを貼った。さっきまで席にいた上司。どうせトイレかたばこ休憩にでも行っているんだろう。

12時になり同期とランチの約束をしていたので、上司はまだ戻ってなかったけど、まあいいか……メモに「至急」と書いておいたから。13時。ランチから戻ると、上司が「この電話を取ったのは誰だ!?　さくら商事さんと連絡がつかないじゃないか！」と怒っている。

私、何かしましたか？

①　取引先の専務はそんなに急ぎなら直接上司の携帯電話にかければよかったのでは？

②　メモの文字を見れば私ってわかりそうなもの。上司は何を怒ってるの？

③　至急の要件なので、上司に伝言内容を確実に伝えてランチに行くべきであった。

（解説）　答え③

電話の連絡で至急の場合、その内容をメモに書く。仕事はそれで終わりではない。伝えるべき相手に確実に伝える。そこまでは電話を取った人の責任の範囲である。

上司が席にいなければ、先輩や、上司の次に偉い人に「さくら商事から至急の電話が課長あてに入ったんですが、課長はどこに行かれたんですか？」と言えばいい。そうすれば、「打合せ中だけど、メモを入れたら？」とか「僕が代わりに電話しておくから」などと、仕事を「前」に進めることが可能である。いち早く上司に伝言を伝えるためには、部下が動かねばならない。伝言メモを上司の机に放置してランチに行くなどあってはいけないのだ。

さくら商事の専務が「至急」と言ったのは、飛行機に乗る前に上司と話したい用件があったのかもしれない。不在の上司はすぐに戻るだろうなどと、勝手に判断してはいけない。確実に連絡事項を相手に伝えることが重要。見込みや予測で行動してはいけない。

5．お客様への連絡は会社の信用がかかっている

お客様への連絡は、企業と個人、企業と取引先との関係を構築し継続させていくビジネス上、社内のコミュニケーションよりさらに気を配った繊細さが要求される。たとえば、お客様に電話連絡する際、気をつけたいのは、相手の状況である。考えてみれば、突然の電話というのは、相手の時間を奪うことで「乱暴」な行為である。なのに、自分の用事を一方的にまくしたてる人がいる。営業の電話なら、途中で切りたくなる。新商品情報の連絡がきても「失礼」な電話のかけ方のせいで、「買うものか！」と聞く耳をふさぎ、電話を切りたくなるのだ。

よく知っているお客様に対しても、「今、お時間よろしいでしょうか？」と相手の都合を聞き、「今でしたら、大丈夫ですよ」という反応だったら、話を始めよう。相手の時間に都合があるかもしれない。10分くらいお時間を頂戴できますか？　と最初に聞いておいたほうが感じがよい。

（地雷）納期を守れなかったことを放置したらクレームになった

花屋さんで働いて3年目。花を扱う憧れの仕事にも慣れ、一人前になれたことが誇らしい。そんなある日、店頭のお客様が「お悔やみのお花の配送をお願いしたい」と言われたので、カタログから適当な商品をおすすめした。四十九日の法要の直後に送ってほしいとのことで3日後の10日に届けるという約束で注文を受けた。

配送センターに依頼し、この件はこれで終わりと安心していたら、カタログの白いユリが不足しているので10日の配達は不可能という連絡が配送センターから入った。お客様には10日指定で送ると言ったが、数日の遅れはたいしたことじゃないだろう……と判断しそのままにした。

13日、上司がお客様からクレームの電話を受けた。「10日に届けますと先方に手紙を送っていた。先方から長期出張の予定があり家を空けます。せっかくお送りくださったお花が届かないので心配になって連絡しました、と言われた。いったいどうなっているんですか？」「名の通った花屋さんだからお任せしたのに！」と激怒されているという。上司は、私の普段の接客態度のことまで持ち出して、私を責めた。

何がいけなかった？

① 上司がクレームの電話を受けてくれてラッキー。上司がその後のケアをしてくれるだろう。お客様が先方に10日に届きますという手紙を書くなんて知らなかったから、私の責任じゃない！

② 配送センターはユリがないのなら、他の花で代用すればよかった。融通がきかない配送センターが悪い。

③ お客様に10日到着と伝えたのは私。私が納期が遅れる旨のことをすぐにお客様に電話連絡すべきであった。

〔解説〕答え③

接客は、誰が対応しても、その人が会社の「顔」になる。10日にその花を配達する対価としてお客様はお金を支払った。約束の日から一日でも遅れるようなら、いただいたお金の仕事をしていないことになる。配送センターからユリが不足していると連絡があった段階で、上司に相談し、他の花で代用可能かどうか考え、お客様に連絡し、指示を仰ぐべきだった。普段の接客態度まで注意を受けたのなら、常々上司は私の仕事の態度に不満をもっていたのだろう。すぐに注意してくれる上司ばかりではない。昔のことまでもち出してくる上司には「言ってくれてありがとう！」である。次から自分のダメなところを改善していけばいい。

【相談】

ここまで報告・連絡の二つについて説明してきたが、「ほうれんそう」の最後の「相談」は、日頃、上司に報告・相談をしながらコミュニケーションを密にしてこその「相談」である。

普段、あまり上司に報告や連絡をしない疎遠《そえん》な関係なら、いきなり相談しても、上司にしてみれば、「突然、なんなんだ？」となり、親身になって相談に応じてくれそうにない。上司も生身の人間。やはり日頃の良好な人間関係があってこそ「相談」に乗ってくれるのである。

一人で仕事を抱え込むより、上司に相談すれば解決の糸口が見つかる。上司は何といってもあなたより経験豊富なぶんだけ知識もある。上司のノウハウをうまく引き出し、言葉は悪いが「盗み出す」したたかさをもつべきである。部下の成長は上司の喜び！　仕事で壁にぶつかったときは、遠慮しないでどんどん相談するべきだと思う。

上司に相談することのメリットは次の３つである。

1．ミスによる損失を最小限にとどめることができる。
2．教えを請う姿勢・態度が上司から信頼される。
3．自分のキャリアアップの近道（ショートカット）が可能になる。

1．相談は戦略的に。ただし公私混同はNG

「○○課長、ちょっとご相談したいことがあるんですけど……」と部下に言われて、ちょっと嬉しい気分にならない人はいないのではないか？

「面倒くさいなー」という顔をしたり、「ちっ！　この忙しいときに」と舌打ちが聞こえたとしても、心の中では、「おー。上司である私に彼女が助けを求めてきた？　何でしょうかね♪」と、上司風を吹かせられる、貫禄を見せるときが来た！　とプライドをくすぐられるのだ。なので、こんなことまで相談してよいものか……などと悩む暇があればとっとと「相談」すればいい。まずは上司を喜ばせようではないか！

自分で答えがわかっているような場合でもあえて「相談」する。上司とコミュニケーションが取れる。そのコミュニケーションそのものが大事なのだ。上司と答えが同じでもそこに行くまでのアプローチが違うかもしれない。上司の経験談（武勇伝・自慢話）を辛抱強く最後まで聞くことで学ぶことがきっとある。

上司のもっているノウハウをさりげなく盗むこと。これが部下の特権である。特権はあなたにとっておいしいところ。そこを余すところなく味わい尽くす。これが組織で働くうえでたくさんの考え方・価値観を学べるのが組織で働くメリットである。

（地雷）上司は部下の相談に乗るべき！と独身の上司に恋愛の相談をした
経理課で働く私は入社4年目。仕事も順調、あとは恋愛が成就すれば勝ち組になるわ！と恋愛に前のめりになっていた。営業課の先輩K彦に入社のときから憧れていた。せっせと贈った高価なバレンタインチョコで本命と気づいてくれたはず。エレベーターで一緒になったときの私の笑顔作戦の成果だろうか。社員食堂で雑談を交わせるような間柄になっていた。

私の上司はＭ子課長。35歳の独身。仕事だけが生きがいのようだが部下の面倒見もよい。お姉さん的な存在の上司につい甘えがちだが、仕事の報告・連絡・相談は怠らない。

ひそかに社内結婚を目指している私はある日、上司に恋愛の相談をした。

「実は、営業のＫ彦さんのことが好きなんです。課長からそれとなく彼の気持ちを聞いてもらえませんか？」

「えー？　そうだったの？　応援するわよ」とは言ってくれず、ちょっと困惑した表情の上司だった。社内恋愛の相談ってみんなしないのかしら。

数日後、Ｋ彦とＭ子課長が婚約したことを知った私はショックを受けた。上司と顔を合わせるのがつらい……。


何が問題？

①　Ｍ子は私から相談を受けた時点で、「実は……」とＫ彦との関係を正直に話すべきだった。
②　私はプライベートなことを上司に安易に相談すべきではなかった。
③　Ｋ彦は、Ｍ子とつき合っているのなら私が勘違いするような態度をとるべきでなかっ

た。

（解説）答え②

上司が同性で独身なら、恋愛の競争相手になることだって当然あり得る話。上司をワーカホリックで結婚しない女と勝手に決めつけないことである。上司が独身であればなおさら、恋愛の話はデリケートな話題。自分がプライベートで幸せになるための話を上司に手伝わせようとするのは間違い。

ここは、涙をのんで上司の幸せを祝福しよう！　幸せな上司の足を引っ張らない。上司に嫉妬したり、惨めな気持ちを引きずるより、次なる自分の恋愛相手を見つけようではないか。気持ちの切り替えが早いあなたはきっと素敵な人になる。

2．仕事を一人で抱え込まないで楽になろう

上司に早めに相談することで、なんでも一人で抱え込み「ああ、どうしよう！」という焦りや悩みから、いち早く解放され、楽になろう！

真面目な性格の人ほど責任感が強い。これは働く人としての美徳だろう。しかし、何事にも限度がある。

これは自分の体験談である。クレジットカードの調査部でクレーム担当だったとき、１日に解決する件数が決まっていたが、私はこれをクリアできなかった。クレームの電話が長引き時間がかかる。人の話を途中で断ちきれず、解決案を切り出せないまま、延々と電話で相手の言い分を聞いてしまう。同僚と比較して明らかに数字が上がらず上司から責められ、すっかり落ち込んでいた。今思えば、「どうしたら人の話を途中で遮ることができるのか」「私の電話対応のどこがいけないのか？」などと、一人で焦っていた。私は上司に助言を求めず、自分の課題は自分で解決しなければと思い込んでいたのである。

あなたにとって困ったことは、上司にとっても困ったこと。ほっとくと会社全体にとっても困ったことに波及していく。

相談すれば、課題の解決への道筋が見える。明るい兆しは、気持ちまで明るくする。

私は、上司に助け舟を求めるのは、弱みを見せることと思っていた。早く相談して困ったことへの対応策を一緒に考えればよかったのである。上司は部下よりたくさんのお給料をもらっている。部下の相談に乗ることもお給料の一部なのだから遠慮はいらない。なにも躊躇《ちゅうちょ》する必要はないのである。

（地雷）上司に報告しなかったために生じた残業と、正論が生んだ人間関係の破壊

人事部内の経理を担当していた私は、財務部の担当者Nから月報の数字について計算方法が違うのではないかと指摘を受けていた。しかし、それはNの勘違いであるとわかっていたため、私は数ヵ月放置していた。私はもと財務部にいたので、わが社に転職してきたばかりのNよりよほど詳しい知識があったのである。

ある日の夕方16時半、また同じような指摘をメールでしてきたNに対して腹が立った私は、すぐさまメールの返信を書いた。「私のやり方は間違っていない」「なぜなら……」と書き、おまけにNの上司と私の上司をCCに入れた。この際、問題を大きくし、Nに反省してもらおうと思ったのである。時刻は17時。この日、定時退社でデートの約束があった私は、さっさとパソコンを閉じ、職場を出ようとしたとき、後ろから上司に「ちょっと、これ何のこと?」と呼び止められ、その後Nの上司も同席して2時間汗をかきながら説明するはめになった。いうまでもなくデートはパーになった。

何がいけなかった?

① Nは新米であっても財務部の事務手続きに精通していなければいけない。
② 上司は時間外なのだから、私を呼び止めて長時間拘束すべきでなかった。
③ お互いの上司を入れて、相手を責めるようなメールを返信すべきでなかった。

〔解説〕答え③

かねてから財務部のNから理不尽な指摘があったのなら、そのことを自分の上司にまず報告すべきだろう。上司からNへ理論的な回答をすれば、Nも聞く耳をもったであろう。

このケースでは結果的に私がNのメンツを傷つけた。その後、いろんな場面で会議が一緒になることがあった。私から挨拶してもNはそっぽを向いた。この件を根にもったのだ。どんなに、自分が正しくても、社内に敵をつくることは、得策ではない。いつどこで一緒に仕事をするはめになるかわからない。それに「あいつは嫌なやつ」と陰口をたたかれることもよくない。その人のイメージが独り歩きする可能性があるからだ。「正論」は悪くない。だけど、「正論」を言うと、ともすると何かを破壊してしまうことがある。これは心しておいたほうがよい。

3．上司を早くから巻き込むのはリスクの分散

上司に相談することは、上司を問題に巻き込むということ。

たとえ担当者は自分であっても、何かのトラブルがあれば、それはあなた個人ではなく会社全体のトラブルに発展する。サラリーマンは組織の歯車という言い方がある。それは、サラリーマンをちっぽけな存在、代替《だいがえ》のきくつまらない存在のような揶揄《やゆ》した言い方ではあるが、一方で歯車のひとつとして社会に貢献できる「幸せ」や「誇り」もある。

毎日同じ仕事ばかりをしているとつい視野が狭くなりがちである。面白くない仕事に見えるかもしれないが、今、目の前の仕事はまわりまわって、誰かを確実に「笑顔」にしていることは間違いない。

私の銀行員時代、日々の送金事務に飽き飽きしている新人がいた。予定していた年金や生活費がきちんと振り込まれ、預金通帳の金額を確認して安心したお客様の顔を想像できるかできないかが、仕事を楽しくするコツである。

さて、歯車に不具合がありストップすれば、それは会社全体の問題になる。それが組織というものである。不具合が生じる前に上司に相談しよう。

取引先とのトラブルには早くから上司に報告し、一緒に対処することで、自分ひとりの責任の重さから解放される。早くから上司を巻き込み、ドキュメンテーション（書類に残す、メールに残す）することで、後に「言った」「言わない」の食い違いも回避される。すべて証拠を残しておく。この冷静なしたたかさが自分を救ってくれる。

できれば上司に近寄りたくないタイプの人は、こんな傾向があるのではないだろうか？上司に相談すると、やる気があると思われる。そうすると余計な仕事をさせられるから損。はたしてそうだろうか？

（地雷）数字の悪さは自分のせい。プレッシャーで体を壊した

ドラッグストアの店長を任された私は、昇進が嬉しく、結果を出そうと張り切っていた。しかし、思っていた以上に店舗の現場は厳しかった。慣れないことだらけである。

スタッフのシフト調整、新しいスタッフへのトレーニング、在庫の確認や注文、お客様

への対応をしながらのマネジメント……で日々消耗していた。
毎月公表される店舗ごとの収益ランキングでは、いつも私の店が最下位。しかもクレーム件数だけがトップという情けない状態。私は上司である本部の部長に相談しなかった。相談すれば、叱られた挙げ句、要求される数字がアップし、今より忙しくなると思ったからである。私は身心ともに疲れ果て、ついに倒れてしまった。

何がいけない？

① 上司は新任の私にひと声かけるなどしてケアするべきだった。
② 店長としての責任感でいっぱいになり、手を抜くことができないのが悪かった。
③ うまくいかないと思った段階で上司に現状を話しアドバイスを求めるとよかった。

（解説） 答え③
上司に泣きつくのはかっこ悪いことではない。
このケースは上司に現状を報告し、指導を仰《あお》げば、上司も経験談を交えてアドバイスが可能だった。上司も「なぜ自分に相談してくれなかったのだろう」「私には相談しにくかったのかもしれない」と、普段の言動について反省したかもしれない。

働く人にとって心身ともに健康であることが最も大事なことである。病気になれば、誰かがカバーしなければならず、我慢したことが結局のところ会社に迷惑をかけるのである。自分の弱さを認め、助けを求める力は組織を生きぬくうえで重要な能力の一つである。

4．相談しにくい上司と接近するためのテクニック

どんなにダメだなーと思う上司にも、影響を受けた本、読んで勇気が出た本、仕事に役立った本、愛読書のひとつやふたつはある。

「今の仕事に役立つ本、おススメの本があったら教えてください」と上司に声をかけてみよう。今、こんなところに行き詰まっているという現状を交えて話し、現状打開について相談するふうに話をもっていくと喜んで本を貸してくれたりする。

その本を読むことで、上司と共通の話題、話のネタのもとができると、コミュニケーションがとりやすくなる。

外銀の業務部の仕事をしていたとき、金融の知識が不足していた私は、上司におススメ

の本を聞いたら仏頂面が笑顔になり、１冊でいいのに、３冊も重いのに自宅からもってきてくれたことがある。私には内容的に難しい本だったが、大事な本を貸してくれたその気持ちが嬉しかった。赴任したばかりで距離を感じていた上司がちょっと近くなった気がしたのである。

（地雷）上司の上司（部長）に相談したことが上司（課長）に伝わり叱られた

係長の私にとって頼りない課長。後輩のＡ子はケアレスミスが目立つ。課長に何度訴えても、Ａ子のミスを直接注意してくれない。課長は係長の私より彼女を可愛がっている。

今日、課長は出張で留守。日頃から困ったちゃんのＡ子が今日もまた同じようなミスを繰り返した。

部長に相談するチャンス到来。部長の部屋にお邪魔して、後輩の仕事ぶりの問題点を挙げ、愚痴を聞いてもらった。部長は黙って最後まで話を聞いてくれた。私の話が終わると「君の話、それで終わり？」とそれだけ言われたので「はい」と答えて職場に戻った。部長は何も助言してくれなかったけど、なぜか気持ちがスッキリした私だった。部長に話せてよかった～♪　私の係長としての「前向きな仕事ぶり」を評価してくれるかも。

翌日の午後、課長から呼び出され、部長に直接後輩のことについて問題を報告したことについて叱られた。

私の何が悪かった？

① 課長が不在だったから部長に相談したまで。私はちっとも悪くない。

② 部長は私が相談したことを課長に話すなんて、なんて信用できない人！

③ 課長を飛び越えて部長に相談したことを、課長に伝えるべきであった。

（解説）答え③

どんなに頼りない課長でも上司は上司。頭越しに部長に相談されたら、誰だっていやな気持ちになる。上司としての面目丸つぶれなのだ。組織はピラミッドである。課長を無視したということは、「課長、あなたの力がないから部長に相談したのです」と言っているようなものである。

課長が不在なのであれば、緊急な場合は部長に報告すべき。その場合も、部長に相談したことをできるだけ早い段階で課長に伝えるのが部下の仕事だろう。

第3章　上司の感情・気分のトリセツ

この章では、前の章で説明したキーワードの「報告」「連絡」「相談」をスムーズに行うためにはどうするか？　について話したい。よりよい職場の雰囲気作りは一日では完成しない。「ローマは一日にして成らず」（Rome was not built in a day）のごとくそう簡単には作れない。みんな、それぞれ紆余《うよ》曲折を乗り越えて働く居場所を築いていくものなのだろう。

いざ、上司に報・連・相しなくちゃ！　と思っても、そこに見えない心の壁があっては、上司に言葉をかけるタイミングを逃す。せっかくのコミュニケーションのチャンスをつかみ損ねてはもったいない話である。

「見えない心の壁」を「エイ、やー！」と乗り越えるにはそれなりのエネルギーが要る。

しかし、ここは部下として「フォロアーシップ力」を発揮し、失敗や挫折を味わいながら上司のフォローに徹することがあなたの仕事。これは上司の機嫌取りやゴマすりでは決してない。あくまでも「仕事」なのである。

前の章でも書いたことだが、縁あって一緒にいる上司とは運命共同体。

ダメで嫌な上司でも、ここは仕事と割り切って、上司との関係は「そこそこ」でよいので話がしやすい程度の距離感をキープしよう。

以心伝心とは恐ろしい。こちらが「ダメでいやだなー」と思っていると、上司も「彼女って何かとっつきにくいなー」になる。上司からダメな部下と思われるのは癪《しゃく》に障《さわ》るし、損である。ましてや嫌われるのはこれからの自分のキャリアの展開を考えると誠によろしくない。

「嫌いな上司から嫌われたって平気！　だって嫌いなんだもん。しょうがないでしょう？嫌いな上司からむしろ好かれたらキモイわよ」という本音があちこちから聞こえてくる。しかし、職場で本音など封印しなければならない。自分の素《す》を思い切り出していいのは、自宅に帰って一人になってからである。

みんなそれぞれの鎧《よろい》をつけ、何かと戦っているのが現実の社会である。

身につける鎧は、洋服を着替えるように、アイシャドーの色や口紅の色を変えるように状況に応じて変えていく。そのうち上司のこと（性格や好み、タイプなど）がよくわかるようになると、身につけるべき鎧が準備しやすくなるだろう。

日ごろのちょっとした心がけ次第で、上司との関係を悪くないものにするのは決して難しいものではない。

あなたは、ただ、舞台で演じる主役、「女優」になればいいだけだ。

1．丁寧に接する（ドアの開け閉め～書類の渡し方～メールの言葉づかい）

仕事に慣れ、一人前になったからといって、乱暴なふるまいをしてもいいということではない。上司の気分に余計な波風をたてない。これが頭のよい部下の鉄則。

話し言葉や書き言葉以外の非言語コミュニケーションがある。言葉以外から伝わることは言語より伝わりやすいという研究結果もある。


視覚から伝わる、服装、顔の表情、お辞儀のしかた、姿勢や態度。

聴覚から伝わる、声のトーンや言葉使い、電話をガシャン！と切る、湯のみ茶碗をドン！と置く、オフィスのフロアや階段を歩く音。

嗅覚から伝わる、香水の匂い、汗臭さ、煙草の臭い。

味覚から伝わる、お土産のお菓子の味、バレンタインチョコの味、接待の料理の味。

触覚から伝わる、握手の感触など。

人の五感から伝わる情報はものすごく大きいと意識しよう。

たとえば、上司の視覚と聴覚に障る部下のドタバタがある。

仕事の邪魔になるような音を立てない。オフィスは静かに歩く。走らない。ドアの開け閉めを丁寧にする。何かに怒り、その怒りをものに当たり、キャビネットの扉を「がしゃん！」と音を立てて閉めるなど、やめたほうがよい。強く響く音は周りを驚かせ、怖がらせる。

「彼女、今日は（今日も）機嫌が悪い」という印象があなたを遠ざけてしまう。

感情のコントロールができない子供じみた人という評価が下ると、上司に「面倒な女」の印象を植えつけるからだ。


〈地雷〉約束を守らなかった上司に怒りがバクハツ

人事主催の社内研修に終日参加した私。前から受講したいと思っていたプログラムだったので有意義な一日を送った。心配だったのは自分の担当業務である。自分がいない間の事務処理を上司に説明し、「よろしくお願いしま〜す」と頼んでいった。だから大丈夫なはず。オフィスに戻ったら、すぐに「お先に失礼します」と帰れて今日は定時退社だ♪

「お世話になりました！」笑顔で職場に戻ると、何と机の上は書類の山！ 今日やるべき仕事がそのままそこに積んである。私はカーッと頭に血が上った。真後ろにいる上司にくってかかった。

「課長！ 今日の私の仕事、課長に頼みました。何ですかこれは？ 何もやってないじゃないですか！」

私のあまりの剣幕におびえたのか、上司は言葉が出ない。私はむかつきながらトイレに行き、トイレのドアを力任せに蹴っ飛ばしたらドアに穴が開いた。

翌日、人事から呼び出しを受けた。

何が問題？

① 上司は、自分がやっておきますと約束した仕事をしなかったのがいけない。

② いくら頭に血が上っても、私が会社の施設を壊したのはよくない。

③ 上司は部下の仕事に手を付けられなかった理由を言うべきだった。

（解説）答え②

いくら頭に血が上っても会社の施設を壊すのはＮＧ。器物損壊罪になる可能性がある。このケースでは、上司に仕事を頼んで研修に参加したのに、結局、その日の仕事を全部自分でやらなければならなくなった。残業しなければならなくなったことへの怒りを上司とドアにぶつけてしまった。

ダメ上司に頼んだ私が悪かったのか？　冷静に考えてみよう。上司は私だけの上司ではない。何かのトラブル対応で私の仕事をする時間がなかったのかもしれない。優先順位を考えてのことだったのだろう。こんな場合も想定して、同僚に頼んでおくのもテであろう。

いくら頭にきても素の自分丸出しで上司にくってかかったのは、子供じみている。怒りを鎮めるにはそれなりの時間がかかる。頭にきたら、１、２、３、……10まで数えてみるのもいい。新鮮な空気を吸いに外に出てもいいだろう。深呼吸の数秒で最悪の事態を防げるものだ。「頭にきたときは、○○しよう」と決めていると行動がしやすい。

怒りのコントロールもゲーム感覚で楽しみ、自分を立てなおす努力をしよう。

2.「おはようございます」「はい！」の元気な挨拶と返事

当たり前のことを、当たり前にすることを続けるのは意外と難しい。

朝夕の挨拶なんて、当たり前でしょう！　と思うのも当然。だけど、いつも同じように明るく「おはようございます！」と笑顔でオフィスに入ってくる人ってどのくらいいるだろうか。

前日、仕事でミスって、つい泣いてしまったということがあった翌日、理不尽なクレームのお客様に手をやき、ほとほと疲弊した翌日、あるいは、プライベートで面白くないことが起こったとき、何事もなかったように朝から元気に「おはようございます！」とはなかなか言えないものである。

アメリカのメジャーリーグで活躍した野球選手イチローが「ルーチン」にこだわり、日々仕事の前の身体の準備を怠らない姿勢。

これも朝の「おはようございます」に通じるものがあると思う。いつも同じように元気に挨拶や「はい」の返事ができる「安定感」は、上司のみならず、仕事をする人として一目置かれる所作のひとつである。

私の銀行員時代のエピソードである。

同じ課のアラサーの先輩が隣の課のA君に恋をしていた。誰にでも冷淡に接する先輩はA君にだけ優しく接するので、職場のみんなは先輩の気持ちに気づいていた。

ところが、A君は受付の女性と婚約した。このサプライズニュースには上司をはじめみんなが驚いた。先輩はトイレで隠れて泣いていた。みんな気がついていたが、そっとしておいた。

翌日の朝、何事もなかったように「おはようございます！」と元気に挨拶をした先輩に、私たち全員がホッとした。上司もいつもどおりに先輩と接していた。

失恋しても健気な姿、というより、以前にも増して仕事に熱が入っている先輩に私は尊敬の念をもった。

人間である以上、恋愛感情は誰にも止められない。

社内で恋に落ちるケースも大いに考えられる。社内恋愛がうまくいっても、いかなくても、仕事と恋愛は切り離して考えよう。

私たちは常に誰かに見られている緊張感をもつべきである。

3.「おしゃれ」と「身だしなみ」の境界線をはっきりさせる

「おしゃれ」と「身だしなみ」は全く別物である。

おしゃれは自由。どんなに流行の先端の服を着ようが、ブランドものに身を固めようが、露出度の高い服を身にまとおうが、アクセサリーをジャラジャラつけようが、自分が満足、自分が楽しければそれでOK。おしゃれは、自分が主体なのだ。

いっぽう、「身だしなみ」は、相手に「この人、嫌だな〜」と不快に思わせないように自分を演出するもの。そう！　相手が主役なのだ。自分が主役じゃないところが大きく違うところだ。相手が何に対して不快に感じるのか？　それは相手によって違う。だから身だしなみには「相手の感じ方を予測する力」、すなわち想像力が必要なのである。

(地雷)「まともな服」に着替えなさいと言われて

法人営業担当の私は、チームで断トツの売り上げを誇っている。そのことを別に鼻にかけているわけではないけれど、はっきり自分の意見を言う私に押されてか、上司は私に対して遠慮がちにものを言う。

　そんな日常の中、上司から呼び出され、珍しくキッパリ言われた。

「君、家に帰ってまともな服に着替えてきなさい」

　今日はシャネルの新作。白いノースリーブのブラウスと、白いスカートがめちゃくちゃ短い。だけど白いニーハイ（膝の上まである）ブーツを履いているので、コーディネートとしてはいい感じ。私は営業で結果を出しているんだから、このくらい自由な服装は許されてもいいんじゃないの？　っていうか、上司のダサいスーツのほうを何とかしてほしいわよ！


　どんな思考をすべき？
①　上司は急に服装を注意するようになった。上からの指示かしら？
②　お客様に会いに行くには、今日のスーツは派手だったかしら？
③　仕事の結果を出している私なんだから、何を着ても許されるのでは？

（解説）答え②

シャネルの新作の服は、私にはとても似合っていると思う。しかし、仕事をする人間として、「身だしなみ」を整えるのはプロフェッショナルとして最低限押さえるべきポイントである。法人の営業先にこのままの服装で行くと「仕事」の雰囲気とかけ離れてしまう。露出度の高い服が、思わぬセクハラを生むきっかけをつくる可能性だってある。

ノースリーブにジャケットをはおる。ミニスカを膝丈までのスカートか、パンツに着替え、プレーンなパンプスに履き替えるべきであろう。

営業はまさしく会社を代表する顔。会社としての品格、イメージも考え服装を選ばなければならない。

私は上司の注意を受け入れた。会社にプレーンなスーツを置いて、営業に出るときには、その都度着替えていくことにした。

そんな私に上司も安心した顔をしている。

会社の洗面所で着替える手間は面倒ではあるが、これで上司もハッピー。取引先もハッピー。私もハッピーなら、よい解決方法である。

4. 無意識の「ため息」で周りをネガティブモードにしない

「ふーっ」とため息をつくのが癖になっている人がいる。私も外銀勤務時代、隣の席の同僚に指摘されて驚いた。無意識だったからである。

「関下さん、ため息つくと幸せが逃げていきますよー」と言われ、「どーせ、私なんか幸せとは縁がありませんよー」と心の中で毒づいたことがある。

自分のことには気づかないのに、上司が「ふーっ」と暗い顔でため息をついているのは気になる。自分のことは棚に上げて、ネガティブな空気をオフィスにまき散らさないでくださいますか？　と言いたくなる。勝手なものである。

「人のふり見て我がふり直せ」とはよく言ったものだ。周りを暗い気分にするのに上司も部下も関係ない。

そうはいっても、緊張する仕事を何とかやり遂げた直後とか、気持ちが乗らない日にどうしてもやらなきゃいけない仕事に向かう直前とか、ため息が出やすい。

気分の波は誰にでもある。それをどのようにコントロールしていくかがカギである。

無意識にため息をついていないか？　同僚に聞いてみよう。

もし実際にやっていたら、その都度指摘してもらい、「ため息」の代わりに、「わおー！」と明るく吠《ほ》えてみる。「な、なんですか？　いきなり吠えないでください」ってつっこまれたら「うふふ」と笑ってみよう。ミステリアスな演出をするのも時には楽しいかも、である。

5．会議の席では下を向かず、ひと言でも意見を述べる

毎週行われるチームの定例会議。ひとりずつ発言の機会があれば順番を待つだけでいいのだが、時間も限られているので上の役職の人だけが話をすることもよくあるケース。

そんなとき、「何か質問はありますか？」と上司に聞かれて下を向いてやり過ごし、存在感ゼロのままでいるのは何とももったいない話である。

せめて下を向かないこと。何か一つでも発言するようにしよう。質問や仕事上の意見など何でもいいから発信したほうがよい。

とくに質問は、チームの他の人たちも知りたいことだったという場合もある。そんなときは仲間に感謝される。

上司にとっては部下が沈黙する、あるいは下を向いて目を合わせないと「無視された」と思ってしまう。下を向いてのスマホいじりはバレている。

目を合わさない態度は、反抗的、無関心。やる気のなさそのものを表す。上司を不機嫌にする以外の何物でもない。

一人でもこうしたやる気のないオーラを放つ人がいるとチーム全体の覇気に影響する。

しかし、そもそも「この会議って必要ですか？」と言いたくなるときが現実にはある。

そうであれば、ここで提案にもっていったらどうだろう？

「私は、この話題は、メールでシェアすればいいのではないかと思います。

次回の会議では○○について話し合ってはいかがでしょう？　皆さんはどう思われますか？」など。

実際、くだらない話しか出ないのなら部下としては、この無駄な時間がもったいないとも思ってしまうが、これも階段途中の踊り場、「遊び」の時間と考えれば気が楽。上司や周りの社員を観察して何か面白い発見をすることに気持ちを切り替えるのも一つの時間の使い方だろう。

6. 叱られ上手になる（まずは顔の表情から入る）

すぐに感情的になるダメな上司もいる。感情にまかせてがみがみくどくど長々と、いつものお説教がつづくとうんざりするものだ。

しかし、叱られるのには何か訳があるはず。

まずは、反発したくなる気持ちをいったん忘れて、「上司に叱られるようなことをした自分に非があるのではないか」と考え、とりあえず申し訳なさそうな顔をしよう。ここで「え？　それは上司の勘違いです」とか「あなたの早とちりです」と言いたくなるところを、まずはお騒がせして申し訳ない的な気持ちを態度と顔で表現しよう。

上司が十分に発言した後、そろそろ落ち着いたかなというタイミングで、何か言いたいことがあったら冷静に発言するようにしたい。

感情的な相手に感情的にぶつかれば、たいしたことのない事柄も大きくなって後々まで響く。

事例

銀行員の私は、接客のカウンターに金利の一覧表、住宅ローンのパンフレットなどを置くスペースがあり、前日に翌日分を並べておくのが日課だった。

しかし、前日の残業のせいで忘れていたため、今朝いつもより早めに出社して、書類を並べていたところに上司が通りかかった。

「その仕事は、前日にやるようになってるよね！　どうしてルールを守れない!?」朝からご立腹である。上司にとって何か嫌なことでもあったのだろう。朝から機嫌が悪いようだ。

（朝から怒られるのはとても気分が悪い。仕事のスタートに水をさすような言い方はやめてほしい。そのために早起きしていつもより早く出社して前日の仕事をしているのに……。だいたい、そんな大声で叱ることでもないよな……）

という心の声を私は押し殺す。声に出すと、上司はさらに機嫌が悪くなり、状況が悪化するからだ。

叱られたら、「すみません。今後同じようなことがないように○○にして改善したいと思います」と前向きなリアクションが感じがよい。「わかればいいのよ、わかれば」上司も矛《ほこ》を収めるだろう。

7．前向きなサービス精神を発揮する

上司に急に仕事の指示をされたとき、こんな対応をしていないだろうか？

「それは、私の仕事の範囲ではありません」

「マニュアルに書いてないことはやりません」

「定時退社時刻5分過ぎていますから、残業つけていいですか？」

定規で測ったような仕事というのはないし、いつどんなボールがどこから飛んでくるかわからないのが仕事なのである。

最近は、働き方改革によって残業しない風潮が広まり、よい傾向だと思う。

しかし、仕事は増え、人員は減る傾向にある職場のリアルな現場で、日々定時で帰れるような職場はそうはないだろう。

誰かがやらなければならない仕事。それが突然飛んでくるときもある。誰の守備範囲でもないボールを処理し、とりあえずアウトにする責任者、それが上司なのだ。部下として上司の立場も理解できる気持ちの余裕が欲しい。いつもではなくても、手が空いている状態のときとか。同じゴールを目指す会社の組織の一員として、どう振る舞えばよいのか。常に頭におくべきである。

〈地雷〉上司には触れてはいけない事情もある

ある朝、課長の顔に傷が入っていた。しかも、両側の頬に３本ずつ。数えてみたら６本の筋が入っている。どうしたのか?!　何かあったのか？　顔以外には変わったところはない。いつものスーツにノリのきいたワイシャツだ。今日はどことなくいつもに比べ伏し目がちな上司は元気がなくしょんぼりしている。

周りの社員も当然気がついているはずなのだが、みんないつものように仕事している。なぜか？　みんなの目には課長の頬の傷が見えないのか？　私の目の錯覚なのか？　私だけに見える現象なのか?!　わーん！　気になって仕事に手がつかないではないか。

朝いちばんの仕事が落ち着いたのは午前10時。私は気になって仕方がなかったので課長の机まで行き心配顔で聞いてみた。

「課長、その傷、どうされたのですか？」

課長は苦笑いをしながら、「ちょっと転んだだけさ」と短く答えた。

転んだだけでそんな傷できるだろうか？　私は腑《ふ》に落ちず机に戻った。

ランチタイムで課長が席を外したとき、係長から叱られた。

「おまえは余計なことを言うんじゃないよ！」


私の何がいけなかった？

① 誰かから受けたひっかき傷。触れられたくない傷だったのだ。
② 前向きなサービス精神を発揮して「大丈夫ですか？」という気持ちだった。心優しい私は悪くない。
③ 課長は「転んだ」なんて嘘はいけない。転んであんな傷ができるはずはない。正直に何があったか話すべき。

（解説）答え①

夫婦喧嘩か、パートナーと喧嘩したのか？　プライベートでのトラブルが課長の顔に傷として証拠のように残った。課長は隠したくても隠せない傷に、心も痛みながら出社したのだろう。できればお面でもかぶりたい心境だったに違いない。

そんな触れてほしくない痛いところに部下として塩を塗る必要はない。

あえてそっとしておいてあげたいケースなのだ。これは前向きなサービス精神とは言えない。

8. 上司に仕事へのフィードバックに時間をもらう

報告・連絡・相談は上司へ日常的に行うべきコミュニケーション。

定期的に行われる業績評価の時期にはいやでも上司と面接の場が設けられるだろう。それとは別に、上司にフィードバックの時間をもらうことは、業績評価にプラスに働く。

プロジェクトが終わった後とか、何か一つの仕事を終えたときを見計らい、自分の仕事がうまくいった点、うまくいかなかった点を自分なりに分析しよう。

上司から見た自分への評価と比較してみると、今まで気づかなかった自分の得意、不得意な部分がクリアになってよい。

自分では気づかないことに、他人が気がついていることがある。それは「盲点」である。盲点は発見そのものだ。よいことは素直に受け入れ、悪いことも「言ってくれてありがとう！」と謙虚に受け止めよう。耳の痛い話ほど自分の成長につなげよう。

事例
上司との業績評価の面接は年に一度だった。それ以外に自分から上司にフィードバックをもらいに行くなどあり得なかった。

私と上司はウマが合わない。なんとなくお互いの間に壁があるように感じていた。

ところが、最近、異動で移ってきた後輩のH子は違った。自分の仕事が一段落するたびに、上司に「課長、私の仕事にフィードバックをください♪」と上司の部屋に入っていく。

彼女は、上司から好感をもたれ、なおかつ仕事の精度を上げていった。課長から指摘されたポイントを確実に修正し、初めての仕事、慣れない仕事をどんどん自分のものにしていった。

私はH子のやり方を横目で眺めながら、マネをしなければ、彼女に追い越されると危機感を覚えた。私は勇気を出してフィードバックをもらうために課長の部屋をノックした。

自分が成長するためには、よいと思ったことは取り入れる。独りよがりなプライドは捨てたほうが、結果的には自分にとってプラスになる。

9．ときにはランチに誘い、ソーシャルスキルを発揮しよう

会社生活でのランチタイムは絶好のソーシャルスキルを伸ばし、ネットワークを広げるチャンスである。いつも同じ人とランチに行ってマンネリ化の傾向だったら、この際そこから脱出してみたらどうだろう。

お弁当を持参するのなら、いつもの食堂のいつもの仲間から、外へ出て公園で食べるとか。一人になって考える時間。何も考えないで誰かに気を使うこともない一人の自由を楽しむのもいい。誰かに話しかけられるかもしれない。人との出会いは、自ら動くことで生まれる。

たまには上司を誘ってみるのもいいだろう。

私は自分がお局《つぼね》様的な存在になったのを、「最近誰もランチに誘ってくれない」ことで

ハッと気がついた。若手の社員から煙たがられる。声をかけられにくい存在になってしまったと寂しかった。

上司をランチに誘うと支払いは上司が一人で背負い、ご馳走を強要してしまうかもしれないなどと、心優しい部下は心配するかもしれない。

しかし、上司として「上司風」を吹かせて気分がよい人もいる。支払いの負担が心配なら、何か別の機会にお返しをすればいい。

旅行先で土産を買ってくる、ちょっとしたおいしいお菓子を差し入れるなど、お返しをするチャンスはいくらでもある。

上司が伝票をもって「ここはいいから」と部下に言うときは、上司にとって実は嬉しい一瞬でもある。あんまり遠慮すると、上司のせっかくの厚意を無にするのでかえって感じが悪い。

「えー！　いいんですか？　ご馳走さまです」と明るくお礼を言って、上司のために仕事を頑張ろう！

仕事で恩返しをする。それが上司にとっては最も嬉しいことである。

（地雷）勇気を出して上司をランチに誘った

新しい部署に異動して2週間。今までと全く違う仕事に慣れるまで、あとどのくらい時間が必要だろうか。社内の異動なのにまるで転職したようなアウェーな感じ。

月曜の早朝ミーティングでは、ひと言も発言できずただ黙っていた私に上司は何と思っただろう。そうだ！　勇気を出して上司をランチに誘い、二人っきりで話すきっかけをつくろう！

「課長、今週のどこかでランチご一緒にできる日はありますか？」

「え？　僕は昼休みはジムで鍛えてるの。部下とはランチに行かない主義だから」

思いがけない上司のそっけない返事に私はとても落ち込んだ。

私は上司から嫌われている？

① 部下のほうから上司をランチに誘うなんて、マナー違反だった。
② 私はランチ以外で上司とざっくばらんに話せるチャンスを作ればいい。
③ 上司は毎日昼にジムに行くなんて暇人。変な上司の部下になってしまった。

（解説）答え②

新しい部下が勇気を出してランチに誘ったのに、上司は感じの悪い断り方である。こんなダメ上司のために、自分が落ち込む必要はない。

部下がうまく自分の部署に溶け込んでいるのかなど、部下の話を聞くチャンスを上司が逃している。

では、このピンチをどう展開して自分にとってプラスにもっていくのか？

たとえば、同僚に「課長って毎日昼にジムに行っているそうだよ」と話しかけ、世間話・雑談ができる仲間を作ってみよう。

少しずつ新しい仕事に慣れていけば、自分に自信もついてくる。

ランチを断られたおかげで、かえって同僚との絆を深め、自分の仕事をやりやすい方向に持っていこう。

そのうえで、ダメ上司には仕事の報告・連絡・相談もきちんとする。

そうすれば今度は、上司から「今日、ランチ一緒にどう？」と声がかかるかもしれない。

これが上司へのスマートなリベンジの仕方だろう。

10. 時短で働く制約社員の仕事を手伝い、仕事の守備範囲を広げる

人事労務用語辞典によると、

「制約社員」とは、働く場所や時間、従事する仕事内容などの労働条件について何らかの制約をもつ社員の総称。

一方で、会社の指示によって「いつでも・どこでも・どんな仕事でも」働くのが「無制限社員」という。

家族の育児や介護の必要があり、時短で働かざるを得ない制約社員たちがいる。

そんな人たちの仕事のしわ寄せが無制約社員である自分にきたときの怒り、理不尽さ。逃げたくなる気持ち、よくわかる。

「また私？」それによって残業になる私の働き方は改革どころか悪化している！

子供はいなくても親はいる。だから介護休暇を取る人は、役職にかかわらずこれから増加するだろう。日本の高齢化社会が加速していくなか、働き方改革を具体的にどうするのかは社会問題である。

時短で働く制約社員のフォローはお互いさまと思うしかない。なぜなら、いつ自分が制約社員になるかわからないからだ。

上司の立場もつらいところだ。

誰にこの仕事を頼もうかと頭を悩ませている。

自分が制約社員になったらスムーズに仕事を引き受けてもらえるように、とりあえず嫌な顔をせず、どうしたらその仕事ができるかを上司と一緒に考える。

このほうが精神衛生上いいし、上司とコミュニケーションをするという点で自分にプラスに働く。

制約社員をフォローするのは同時に上司をもフォローすることになるからだ。

「余計な仕事」というネガティブモードを「おかげで新しい仕事を覚えたわ♪」とポジティブに変えていく。そうすれば自然と自分に力がつく、守備範囲が広がるプラスな面を見よう。

11．上司の指示はメモを取る（上司に同じことを繰り返させない）

上司から口頭で指示を受けることがあるだろう。

仕事に慣れてくればくるほど、私は忘れないから大丈夫と思ってしまう。「あれ?!　課長、先ほどの件ですが、A企画書の締切日は、明日の14時でしたっけ？　明後日でしたっけ？」などと、伝達事項の、しかも大事なポイントを何度も上司に聞くようでは、ダメ上司、なんて言っている場合ではなく、自分がダメ部下だと言われる。

記憶というのは案外あいまいで、あてにならないものである。

自信があっても、上司の指示は必ずメモを取ろう。

仕事はあいまいでは済まされない。

5W1Hに沿って、確認しながら指示を理解する。さらに復唱して上司との理解のギャップがないかその都度確認しないと痛い目にあうリスクがある。

基本的なことではあるが、明日の14時までなのか、明後日の14時までなのかで仕事の段取りは大きく違ってくる。メモに残しておかないと、自分のクビをしめる。

日にち、数値や時間に間違いがあると、思わぬところでクレームや損失が生じ、確認すれば何でもなかったことに、多大な時間とエネルギーを費やすはめになる。

メールで指示が飛んでくる場合がある。この場合も不明な点があれば、上司に確認する必要がある。この場合はメールのメリットを生かそう。

そのやり取りは、メールを保管しておくなど、ドキュメンテーションとして記録を残してわかりやすくファイルしておくことが必要である。せっかく記録したのにどこにあるかわからない、のでは困る。

後日、同じような仕事がきたとき、初めて聞くような対応ではいけない。

上司は「また説明しないとわからない？」と、イラッとくる。

記録を残しておけば、それを参照し、「前回の○○のケースと同じですよね」とこちらから手順を復唱するように先手を打つ。

これは上司を気分よくさせる。「話が早い部下」は、かゆい所に手が届く孫の手のごとく重宝される。

12．「また始まった！」自慢話・武勇伝も最後まで聞く我慢に意味がある

上司が同じ話を繰り返すことがある。

上司は、同じ話を以前したような気がしているが、誰に話したか忘れるものである。

上司に「またその話ですかー。もう何回も聞きました。耳にタコができます！」とは、なかなか言えないものである。

上司も年齢を重ねると、忘れっぽくなる。だから困る。

「この話、したっけ？」と部下に聞く上司がいる。

部下は「この話」と言われてもわからないけれど、きっとまたあの話と予想がつくのでうんざりなのだが、上司は話したくてたまらない様子。ここは我慢の子になるしかないのか。

上司の昔の自慢話・武勇伝から何を学べばいいのかを探りながら、今日も辛抱強く最後まで話を聞いている私ってすごい！　と自分を褒めてあげよう。

上司の昔話は、時代背景の違いで、今とはコミュニケーションの取り方、物事への価値観、とらえ方が異なるので、聞く話が全て参考になるかというと疑問である。

ならば、その時代背景の話を面白がるしかない。これも「歴史」というのはちょっと大げさかもしれないが、世代による物事のとらえ方の変化に関する学びである。

現在との価値観の違い、世代のギャップを通して見えることとか、比較してみると面白いと思う。

プライベートにだって通用する。たとえば、趣味の世界の先輩方とのつき合い、人生の相棒（配偶者）の親や親戚とのつき合いなど、似たようなシチュエーションに遭遇するときがくる。そのときのための訓練と思えば、上司の自慢話を我慢するにも意味がある。一方的な上司の話の合間に、ちゃちゃを入れてみる。「へー。その時代の○○って面白いですね。今なら△△ですもんね」などといつもの話に反応してあげると、相手は話したかいがあると思うだろう。

しかも上司にとっても学ぶポイントがある。「今は△△なのか……知らなかった」と心の中でつぶやき、そのギャップを味わうであろう。

そのうち「あ、この話、また語ってしまった」と反省してくれるかもしれない。

第4章　上司にアピールするトリセツ

1. 自分の存在感を上司や他部門にアピールできる

もう十分おわかりのように理想の上司なんかいない。

理想の上司はただの夢物語なのだ。だから、今日から上司に何かを期待するのはもうやめにしよう。

ではこのまま、ダメな上司に不満を持ちながらもんもんと職場で過ごすのか？

いやいや、そんな我慢もしなくていい。「我慢」ばかりしていては体に悪い。

「我慢」とは、それをしないと生き延びていけないような切羽詰まった場面のためにとっておこうではないか！

上司に「こうしてほしい」「ああしてほしい」と期待してしまうと、それが裏切られたときのがっくり感は半端ない。

がっかりしてマイナスのエネルギーを受けたら、それをプラスに切り替えるにはこうむったマイナスの3倍近くのエネルギーが必要である。

こんなことを繰り返していたら自分が疲弊してしまう。疲れ果てる前に、省エネ対策を自ら講じなければならない。

ではどうするか？

自分の考え方や行動を変えていきましょう！　というスタンスだ。

そう！　車のハンドルを自分で握るイメージだ。

助手席、ましてや後ろの席にいて、運転手（＝上司）に行先をまかせっきりではいけない。運転手のせいで、いつまでも自分の行きたい場所になど行けないのだから。

しょせん「ダメな上司」なのだから上司に振り回されるより、ダメな上司をいかに動かしていくかを意識しよう。

言葉は悪いけれど、上司を使い、上司を踏み台にしながら、自分の望む方向にキャリアを切り開いていくしたたかさをもたねばならない。

２０１６年４月に女性活躍推進法が施行された。これは「働く場面で活躍したい」という希望をもつすべての女性が、その個性と能力を十分に発揮できる社会を実現するための一連の施策のことである。

では実際の働く現場は女性にとって活躍できる場になっているのだろうか。

昭和、平成が令和の時代になっても男社会はそう簡単には変わらない。それが現実だと思う。仕事の現場では女性にとってさまざまな困難、乗り越えられない壁が依然として存在する。

とはいえ、少しずつでも女性にとって追い風が吹いているのも確かだろう。だからこそ、女性が活躍できるような世の中にしようという時代の波にうまく乗らなければならない。

これはわれわれ女性にとってはチャンスなのである。

時代の波に乗る、あなたはこれから「波乗り女子」になる。

実は、上司はダメなほうがあなたにとって都合がいい。

なぜなら、そのほうが相対的に（あなたが飛びぬけて優秀な部下じゃなくても）、部下が優秀に見えるからである。

上司の弱点をサポートしつつ、せっせと自分の存在感を、他の部署の人や上司の上司にアピールしよう。

上司の上司は当然ながら上司より権限がある権力者。直属の上司が課長なら部長クラスの人。その人を味方につけておくと、上司との間に何かトラブルがあった非常事態のときなど相談ができる。

ぜひ、部長クラスの人とランチに行けるくらいの関係を築きたい。

というふうに書くと、自分の存在感をアピールするなんて、エリート社員じゃあるまいし、ものすごく上級技のようで、「私にはできません……」と尻込みする声が聞こえる。

しかし、実はそんなに高いハードルではない。

目の前の仕事をコツコツとキッチリこなしていけば、自然に目立つ。いやでも目立つ。目立たないようで目立ってしまうから好都合なのだ。

なぜならコツコツと仕事を真面目に誠実にこなす人って意外と少ないからだ。

あなたの好ましい印象は、人々のちょっとした世間話や雑談の話題になる。

「○○さんって信頼できるよねー」

「安心して仕事が頼めるのよー。いやな顔しないし」

「困ったときは彼女よね！」とか。

一方で出る杭は打たれやすいのが日本社会の特徴だが、それだって「出る杭」としての存在感をアピールできる。

ランチが無理というなら、せめて名前と顔を覚えられ、エレベーターで偶然一緒になったとき、ちょっとした世間話ができるようになっていたいものである。

たとえば、朝から偉い人と一緒になると面倒くさいと思いがちである。ついスマホに逃げたくなったり、わざとゆっくり歩いて、次のエレベーターに乗るようにタイミングを計ったりして偉い人をやり過ごしたくなるものだが、そこをグッと我慢して、笑顔で元気よくこんな会話をしてみてはいかがだろう？

「○○部長！　おはようございます」

「おはよう△△さん。今日も元気そうだね」

「はい。おかげさまで。部長のお荷物からすると、今日はどちらかにご出張ですか？」

会話のネタづくりのためには、相手をよく観察することである。

いつも手ぶらの部長がスーツケースをもっているようなとき、目ざとく見つけて会話の糸口にしてしまおう！

「いつもと違う何か」に気づいてあげるのも、相手にとっては「自分のことをちゃんと見ていてくれる。気にかけてくれている」ということである。

誰かに認められるというのは嬉しいものである。これは年齢とか役職とかは関係ない。

（地雷）アメリカ人の課長ではなく日本人の部長に相談した

本社の営業本部に異動になった私。支社時代から希望していた本社勤務になって意気揚々と、仕事にますますやりがいを求め気合が入る毎日を送るつもりでいた。

新しい職場に赴任して驚いた。

直属の上司である課長がアメリカ人！

しかも日本に来たばかりで日本語ができないときた。私は課長とコミュニケーションが取れない現実に直面した。

最近グローバルな企業と合併したわが社だから、外国人の社員も増えてきたのも事実。だけど、ここは日本。外国人が現地の言葉「日本語」をマスターすべきなのに！　と心の中で叫ぶ。

課長は英語で話しかけてくる。まさか、部下に英語が通じない人がいるとは思っていないのだろう。困った！

いまさら英語を勉強しても仕事に生かせるようになるには相当な時間がかかる。

自分の英語力のレベルが露呈し、コンプレックスで落ち込む日々のなか、昔の上司だったAさんが本社の営業部長に昇進した。しかも以前、大変お世話になったAさんだ。早速、昔のよしみで部長室に通うようになった私は、仕事のことを電話でもメールでもA部長に相談するようになった。

日々の仕事でちょっとしたことでも私は課長ではなく、部長に相談し、指示を仰ぐようになった。

そのうち、毎日の課長との仕事のやり取りのなか、「A部長がこうおっしゃっていました」(A-san says……)を連発するようになった私にアメリカ人の課長は、明らかに困惑の表情をみせた。

何が悪い?

① 課長とはスムーズな意思の疎通ができないから、部長に相談したまで。日本語の勉強をしない課長が悪い。

② 部長のおかげで仕事が前に進むようになった。だけど部長が答えを教えすぎるのがいけない。彼の親切さが裏目に出た。

③ いくら昔の上司でも、今の上司を飛び越えて部長に相談しているのが見え見え。上司

のメンツをつぶしている私の言動に問題がある。

（解説）答え③

話す言語が違うとお互いの間には言葉の壁ができる。しかもその壁は高い。そのせいで上司とのコミュニケーションがスムーズにいかないのはつらいことである。

外銀勤務時代、私も外国人の上司と人間関係を築いていく過程にはいろいろな挫折や困難なことがあった。今となっては、クスッと笑えるエピソードだが、当時は意思の疎通ができないのがつらかった。

このケースは、いくら昔の上司で、話がしやすいからといって、直属の上司を飛び越え、しかも頻繁に相談事をし、そのことを隠そうともせず、無邪気に仕事をしているところが子供っぽすぎる。

どうしても部長に相談するなら、直属の上司にわからないように相談すべきだ。

さらに、いちいち「A部長が」と報告する必要もない。「A部長が」とわざわざ言うことで、無意識に「虎の威を借る狐」として、上司にプレッシャーをかけていることを認識するべきだろう。

部長から得た知識をさも自分の意見のように言うのもちょっと気が引けるが、学んだことを自分なりに消化し、自分の言葉で上司に届ける（提案する）ぶんには構わないであろう。

とにかく、もし外国人の上司になったら、苦手な言語を学ぶチャンスととらえ、何かひとつでもわかり合える、笑い合える一瞬を作るために、自分なりに工夫しよう。こんなときは非言語コミュニケーションが役に立つ。チャーミングな笑顔、身ぶり手ぶりのジェスチャー、アイキャッチできるモノ（写真・手土産のお菓子など）を駆使して外国人上司に報告・連絡・相談をしてみよう。

2. 異動や転職に必要なアドバイスをもらえる

ダメな上司であっても、あなたより仕事の経験は豊富で実績もあるはずだ。しかもその上司のもつ人脈（ネットワーク力）は特に侮《あなど》れない。そこに実力者がうようよいるかもしれないのだ。

ダメな上司と反《そ》りが合わなくても、その周りの人と反りが合えばいいではないか。

ということは、上司との関係を良好に保っておかないと、あなたが紹介してほしい人にタイミングよくあなたを紹介してもらえない。

現在の部署から出て、「ほかの仕事がしたい！」「ほかの部門に行きたい」とはっきりとした希望（意思）がある場合、上司の人脈を使わない手はない。

そのためには上司のバックグラウンドを知っておくことが重要。

どんな業界から来たのか、この会社の生え抜きなのか、どんな部署を渡り歩いてきたのか、どんな人たちと普段仲良くしているのかなど、あらゆる情報収集をおこたりなくやっておくことが大事である。

上司と良好な関係を築いていれば、これからのキャリアの相談ができる。相談に乗ってもらえるような関係件をキープしているあなただからこそ、上質な情報が入ってくるのである。苦労はいつか報われると信じよう。

「実は、○○の部署に異動したいんです。理由は××です。課長からアドバイスをいただけませんか？」

あるいは、

「課長のいらした○○の業界に興味があるのですが、課長はそこでどんな経験をなさってきたのですか？」

「それなら、僕が知っている○○さんを紹介しようか？……」と話がつながったらこっちのものだ。

普段のよい関係性があるから、こんなちょっと突っ込んだ相談ができるのである。

ダメ上司だからと敬遠している場合ではない。

日頃の地道な、時には忍耐力を要するコミュニケーション（報告・連絡・相談）の成果が、自分にとってよい情報キャッチにつながっていくのである。

3.「明日も会社に行こう♪」職場を楽しむ場所にできる

上司が自分で気がつかない、上司の盲点（ダメな部分）というものもある。

まずい接客の仕方や、部下への無意識なそっけない対応のせいで部下がやる気をなくしているような場合である。

そんなとき、上司へ声をかけてみてはどうだろう。

「課長、ちょっといいですか？」と会議室などに来てもらって、「○○について私の意見はコレコレです。課長はどう思われますか？」と相談チックに話をもっていく。

上司にも当然のことながら自分で気がついていない弱点がある。

本来、あるべき姿は「私が気づかないところを教えてくれてありがとう」なのだが、上司の面目がつぶれるという点で、心の中は面白くないだろう。

しかし、上司も部下も、組織の一員である以上、目指すゴール（目標）は同じはずである。そのことを共有しながら話をすれば上司だって理解しやすい。耳を傾けざるを得ない状況を作ってみよう。

部署のゴールはすなわち会社のゴールである。ゴールに向かう途中の障害物のせいで、立ち止まり、うずくまっている人がいたら障害物を取り除き、走りやすくしてあげることで、チームとしての生産性をアップさせることが可能である。

また、上司に何かを指摘するとき、気をつけたいのは、話す場所である。ほかの人がいないところで二人きりで話をしよう。これは上司のメンツを保てるし、あなたと上司が仲がよくないのでは？　と周りに余計な臆測をまねかなくて済む。

あなたと上司の関係が悪いのでは？　と同僚や周りに思わせない。ここが大事。うわさ話は尾ひれがついてどこに飛んでいくかわからない。

上司を含め、毎日顔を合わせる仲間とできるだけ感情的な摩擦を起こさないようにしよう。それにはバカになったり、ときには女優になって演技をする必要がある。人は、自分と違う考えの人をつい批判の目で見てしまう。そう言いながらも、長いものには巻かれたほうが楽な展開もある。自分を取り巻くいろいろな思惑、状況に応じて自分を変えられる力が会社で生き延びるコツだろう。

自分の変化を客観的に見て、自分に突っ込みを入れたり、自虐的になったりして楽しんじゃう。そうして会社で働く日々を自ら面白くしよう。

「さあ、今日はどんな新しいことが待っているかしら？」とワクワクできるような朝を迎えようではないか！

4. 逃げるは恥だが役に立つときもある（異動や転職もアリ）

これまでは、ダメ上司にいかに報告・連絡・相談をしながらうまくつき合っていくかについて書いてきた。

しかし、どんなにこちらがダメ上司に歩み寄っても、いろんなテを試してみても、すべてがよくない方向に向かってしまう。努力が報われない。そんなときもある。性格や価値観、その時々の気分のバイオリズム、あるいは何らかの病がそこに存在しているのかもしれない。

ダメ上司の対応であなたが心理的に追い込まれ、心身ともに疲弊し、病気になる。これだけは避けなければならない。

ダメ上司は変わらないのだから、あなたが逃げる！　そうだ。「逃げるが勝ち」の選択肢も考えよう！　自分は自分で守らないと。ダメ上司はもちろん会社だってあなたを守ってはくれない。

「逃げ恥」こと『逃げるは恥だが役に立つ』という大ヒットしたドラマがあった。「逃げること」は弱虫で恥ずかしいことのようなニュアンスをもつが、「逃げるが勝ち」とも言う。身の危険を察知したら逃げる選択肢もある。

逃げることは決して恥じることではなく、結果的に別世界をのぞくチャンスが生まれる。逃げることは、まさしく役に立つのである。

たまたま入った会社で長く働けば、自然と愛社精神がわき、忠誠心も生まれるだろう。「ここは私の居場所です」と信じてしまっている今、会社を辞めるという決断は相当なエ

ネルギーがいるのも事実である。慣れ親しんだ環境から外に一歩を踏み出すのは想像以上に勇気が要るものだ

だけど、考えてほしい。世の中の会社は一つではない。

あなたがしっくりくる人と一緒に働ける職場はきっと他にもあるはずだ。

一つの会社に固執する必要はない。

ここから何も学べないと思ったらとっとと見切りをつけ、他の世界を見てみよう。

新たな出会いがあなたを待っていると信じてみよう。

第5章　セクハラ・パワハラ上司のトリセツ

1. セクハラの落とし穴に落ちないために

「セクハラ」の問題があちこちで起きている。

いわゆるエリートと呼ばれる官僚や、政治家たちは判で押したようにこう言う。

「私はセクハラをしたおぼえがない」

「そんなつもりではなかった」

その組織でそれなりのポジションに就いていながら、セクハラについての知識の低さ、無意識の罪深さには呆れるばかりである。

たとえば上司から「○○さん、今日のスーツ似合っているね」と、足元から顔まで視線をジッと向けられたらどうだろう？

あるいは「今日の口紅の色、濃いんじゃない？」のひと言など。

こんな声がけが繰り返されれば、当人にそのつもりはなくても、相手が性的な嫌がらせを受けたと感じればそれはセクハラなのだ。

セクハラは、白黒はっきりしないグレーな部分が多いからこそ、上司は特に気を配らなければならない。軽いジョークのつもりでも相手がどう受け取るかによる。受け取り方は十人十色なのだから。

権力をかさに着て、何をやっても許されるというような傲慢《ごうまん》な態度は「パワハラ」をも含んでいるから、なお始末に悪い。

ここでセクハラの定義を押さえておこう。

厚生労働省によると「セクハラ」とは、

【セクシュアルハラスメントの略で、「職場において、労働者の意に反する性的な言動が行われ、それを拒否するなどの対応により解雇、降格、減給などの不利益を受けること（対価型）」又は「性的な言動が行われることで職場の環境が不快なものとなったため、労働者の能力の発揮に悪影響が生じること（環境型）」をいいます。男女雇用機会均等法により事業者にその対策が義務づけられています。】

私が外銀の人事部で働いていた頃、セクハラ防止に関する研修は全社員に行っていた。職場でセクハラっぽい態度が問題になっていた管理職ほど「こんな研修は時間の無駄。セクハラなんて知ってるよ。今さらなんなんだ……」という態度をとる。

上司にセクハラの自覚がないとき、部下として、自分がどう対応すべきなのか、とるべき態度に困ってしまうのが現実だろう。保留のまま、我慢しながら嫌な時間が過ぎていくこともあると思う。なぜなら相手が権力のある上司だから。うかつに反応すると後が怖い。自分にとって不利益になることは避けたいからだ。これはパワハラも同時に受けていることになる。

直属の上司にハラスメント的な行為があった場合、「人事に相談するとよい」と社内の行動規範には教科書的に書いてある。しかし、実際には、上司から報復されるのが怖いのでなかなか人事にも言えない。「訴えた人に対して報復を禁止する」と規則に書いてあっても本当にそうなのか不安でいっぱいになる。表向きには報復がないように見えて、水面下ではしっかりと「仕返し」が行われるのではないか……それが怖いのだ。

こうして問題をさらに深刻化し、長期化させていく。

ハラスメントを受けると、自尊心が傷つき、仕事に手がつかなくなる。

その結果、仕事の生産性は落ち、モチベーションは下がっていく。会社へ行きたくなくなるとプライベートの生活にも支障をきたす。一緒に暮らす家族にも悪い影響を及ぼしかねない。

セクハラを訴えると、人事の調査が入るので周りの社員まで巻き込むことになる。さまざまな人の視線が気になり仕事どころではなくなる。訴えて、会社の名前が公になればさらに会社にいづらくなる。

部下にとっても上司にとっても「セクハラ」でよい事などひとつもない。

では、セクハラの被害者にならないようにするにはどうすればいいのだろう。それは、白黒はっきりしないグレーな段階で、セクハラの芽を摘むのが得策だと思う。

上司を喜ばせる姿勢は大事だが、毅然とした態度も場面に応じて必要である。

（地雷）プロジェクトメンバーに選ばれたい！　夕食の誘いに乗るべきか？

職場で中堅クラスになった私は、仕事がますます面白くなってきた。

そんな私の最近の希望は、部門間にまたがる一大プロジェクトのメンバーに選ばれること。そこに入れば、今まで身につけてきた知識が生かせるし、何よりいつもと違うチームメンバーと一緒に働くことにワクワクする！　私に声がかからないかなーと思っていた矢先、上司である課長の部屋に呼ばれた。

（課長）最近の君の頑張りは評価しているよ。

（私）ありがとうございます！

（課長）例のプロジェクトの件なんだけど。今うちの課から誰を選ぼうかと考え中なんだ。君かA君のどちらかと思っているんだけど……。

（私）私、ぜひこのプロジェクトに参加したいです！

（課長）そうなんだ……実はA君もこのプロジェクトに意欲的なんだ。彼は先日営業成績トップだったしね……。

（私）私もAさんに負けない実績を上げています。

（課長）まあ、そうだね。

ところで、今夜、一緒に食事どう？　君のこれからのキャリアのこととか話を聞くよ。普段あまり二人で会話する機会もなかったしね。君のこともっと知りたいと思ってね……。

（私）（困ったな〜。どうしよう!?　課長と二人きりで夕食なんて行きたくないなあ……

でもAより私を選んでほしい……）


私はどんな態度をとるべきか？

① どうしても今回のプロジェクトメンバーに選ばれたい！　いやだけど、夕食を一回だ

けつき合えば私を選んでくれるんでしょう？　「課長、わかりました。今夜夕食ご一緒します♡」

②　私はあんたが嫌いなの！　なんで私が課長と二人で食事に行くのよ！　あり得ない。気持ち悪い！　「課長、勘弁してくださいよ。プロジェクトメンバーに選ばれなくて結構ですから！」怒りを隠しきれず、音を立ててドアを閉めて出てきた。

③　夕食を一緒になんていやだ。でもプロジェクトメンバーには選ばれたい。「課長、ランチタイムでお話しするのはいかがでしょう？　夕方は家族を迎えに行かないといけない事情がありますので。早速ですが、明日の12時はご都合いかがですか？」と自分の手帳を見ながら、上司と落ち着いて会話を続ける。

（解説）答え③

上司は暗に「今夜夕食につき合えば、プロジェクトのメンバーに選んであげる」とにおわせている。これは対価型のセクハラといえる。さらにこの誘いの言葉は上司としての権力を利用しているのでパワハラをも含んでいる。

この状態をうまくかわすには、ランチタイムに変更してもらうことである。ランチだと、オフィスに戻らなければならないし、1時間ほどの限られた時間、上司と二人でご飯を食べながら話をするのなら誰の目にも不自然ではない。アルコールも入らないので健全に上司と部下の「仕事」の話ができる。

①の一回だけなら大丈夫だろうと誘いに乗ると、一回ではなくその後も誘われるリスクを負う。二人で出かけるところを目撃され、周りに変なうわさが立てば困るのはあなただ。

②は、怒る気持ちはわかるが、大人げない言動は逆効果。二度とおいしいポジションの話がこなくなる可能性がある。ここは冷静に落ち着いて対処し、上司に無礼な態度はとるべきではない。

この地雷の例は対価型のセクハラであったが、環境型セクハラもある。

たとえば、上司が何気なくあなたの肩に手を置く。

あなたを「おばさん」と呼んだりする。

上司としては、軽いスキンシップもコミュニケーションのうちと思っているかもしれないし、ほんのジョークのつもりで「おばさん」と呼んだのかもしれない。

でも、われわれは我慢する必要はない。

理想的には、

「これをされて（言われて）不快です」と主張することができ、
上司も「ごめんなさい。そんなつもりではありませんでした」と謝ることができる。

しかし、こんなふうにスピーディーにモヤモヤが解決できれば苦労はしない。

理想を現実にするためには嫌な上司、ダメな上司と心では思っていても、「普段からの風通しのよいコミュニケーション」と「なんでも話せる雰囲気づくり」がセクハラを回避するためにも不可欠なのである。

2. パワハラに耐えるのには限界がある

パワハラこと、パワーハラスメントについての話題も毎日のようにニュースになっている。
こちらも厚生労働省の定義を押さえておこう。
職場のパワーハラスメントとは、
【同じ職場で働く者に対して、職務上の地位や人間関係などの職場内の優位性を背景に、業務の適正な範囲を超えて、精神的・身体的苦痛を与える又は職場環境を悪化させる行為。業務上必要な指示や注意・指導が行われている場合には該当せず、「業務の適正な範囲」を超える行為が該当すること】

職場のパワーハラスメントの６類型として次のような例を挙げている。

①身体的な攻撃（暴行・傷害）
②精神的な攻撃（脅迫・名誉毀損・侮辱・ひどい暴言）
③人間関係からの切り離し（隔離・仲間外し・無視）
④過大な要求（業務上明らかに不要なことや遂行不可能なことの強制、仕事の妨害）
⑤過小な要求（業務上の合理性なく、能力や経験とかけ離れた程度の低い仕事を命じることや仕事を与えないこと）
⑥個の侵害（私的なことに過度に立ち入ること）

これら６項目を見るとまさにいじめの構図である。

しかし、④⑤⑥に関しては、どこまでが業務の範囲を超える行為なのかは、組織の業種や企業文化の影響を受け、具体的な判断も、行為が行われた状況や行為が継続的であるかどうかによって左右される部分があるため、各企業・職場で認識をそろえ、その範囲を明確にすることが望ましいです。（平成24年１月「職場のいじめ・嫌がらせ問題に関する円卓会議」ワーキング・グループ報告より）

さらに、厚生労働省のデータによると、職場での嫌がらせ、いじめ、暴行や職場内のトラブルによりうつ病などの精神障害を発病し、労災補償を受ける件数は年々上昇している。しかも、パワハラを受けた従業員のうち46・７％が「何の対応もしなかった」のである。わずかに14・６％が社内の同僚に相談し、人事などの社内担当部署に相談した人は３・９％しかいない。

これはどういうことだろう？

それだけ、パワハラに対して声を上げることができない被害者たちの現状がある。

今はパワハラと関係ないあなたも、上司が代わればいつ自分にふりかかってくるかわからない問題として、今から対応策を考えておいたほうがよい。

事例

証券会社に勤めるアラフォーの私はベテラン社員の一人だった。リーマンショック以降、外資系の証券会社と合併して、会社の企業文化が大きく変わってしまった。以前のような和気あいあいとした雰囲気が消えた。

そんなある日、長年仕えていた男性上司の代わりに、他業種から来た私より3つ年下のA子が私の上司になった。女性の、しかも年下の上司は初めて！　だけど、有能でやる気満々のA子と一緒にこれから仕事を頑張ろうと思っていた矢先、変化が起こった。私の親が突然倒れたのである。

親の介護休暇明けで3ヵ月ぶりに職場復帰した私は、職場の異変を敏感に察した。女性だけの6人の部署。上司A子は私以外の4人に声をかけランチにみんなで出かける。以前にはなかった光景だった。私は毎日お留守番役。お弁当を買って自分の席で食べた。

介護休暇前とくらべるとA子の私への態度があからさまに冷たくなっていた。

「介護休暇中、連絡をとらなかった私が悪かったのか。そのことで気分を害しているのか？」、あるいは「久々の仕事で以前の感覚が鈍っている私に不満を感じているのか？」。

私は直接A子と話し、自分に非があれば謝ろうと思った。そんなきっかけを作ろうとした。A子に「課長、今度二人でランチに行きたいんですけどよろしいですか？　お話ししたいこともありますし」と勇気を出して声をかけた。

社内の誰もいないエレベーターの前だった。A子は仁王立ちになり、腕組みをして言い放った。「私があなたと二人でランチ？　行くわけないじゃない！　あなたを見ているとイライラします！」ヒールの音をカツカツと響かせ、勢いよく私から離れていった彼女の後ろ姿を茫然として見送った。私は泣きたい思いをこらえて仕事に戻った。

それから私は今までしたことのないケアレスミスをするようになった。そんな私にA子はますます怒りを爆発させ、みんなの前で「まったく、困った人！　能力ないいんじゃない？」と見下すような言い方をした。会社が恐怖の場所になった。

（解説）

上司も人間なので上からのプレッシャーで精神的にイライラすることもあるだろう。

しかし継続的に一人をターゲットに仲間外れにし、その冷淡な態度には大いに問題がある。部下の仕事へのモチベーションは下がる一方で上司はさらに怒り、悪循環となっている事例である。

他の同僚は、自分が次なるターゲットになるのが怖いからパワハラに気づいていても、なかなか声を上げづらい。こうして貴重な人材が、本来の能力を発揮できず辞めていくケースは会社にとって大きな損失である。

パワハラの被害者になると、真面目な人ほど自分を責める傾向にある。

「私の能力が足りないから」

「私の何かが相手をイライラさせている」

「どこまでもダメな私」「悪いのは私……」

自信喪失、弱気になった「私」が人事や社内外の相談窓口に「相談」するなどの前向きな行動をとるには、かなりのパワー・エネルギーが必要である。人事等に相談したことが上司に伝われば報復が何より恐ろしい。だから、黙ったままで何もできない人が多いのだと思う。

そうはいってもつらい状況を自分ひとりで抱え込むと精神的なダメージはさらに悪化していく。自分を守るために、とにかく「助けて！」と叫ぶことがとても重要である。

信頼できる社内・社外の人にできるだけ早く相談しよう。昔の上司、同期、メンター、相談窓口、産業医、心療内科医など。パワハラを受けていると感じたら、上司の言動を記録や録音をしておけば、証拠としてあなたの強力な味方になる。「おかしい！」と思ったら記録しよう！

あなたは、かけがえのないあなたの家族の一員である。

自慢の娘であり、大切な人生のパートナーであり、尊敬されるお母さんなのだ。そんなあなたが職場のパワハラで苦しむことがあってはいけない。

普段から、何かあったとき相談できる上司以外の人（メンター、コーチ、カウンセラー）を複数、周りに確保しておくことがとても大事である。

上司を訴え、反撃（リベンジ）に出るのか、さっさと見切りをつけ転職するか、部署を替わるか？

ここで実際にどのようなアクションを選択すればよいのか、心の弱っている状況で適切な行動を選ぶのはなかなか難しいことである。

身心の健康を壊したら元気を取り戻すのに結構な時間がかかる。だから、私はその場から「逃げる」ことをおススメする。第４章でも触れたが、「逃げるが勝ち」の選択がある。

上司へのリベンジは、いつでもできる。

パワハラをする上司は自分でパワハラをしているという認識がないことが多い。気づかないのは幸せかというと逆である。そんなダメ上司はそのうち必ず脱線していく運命にある。

そのうち、あなたが心から安らげる居場所を確保し、仕事でイキイキと頑張る姿。それこそがパワハラ上司へのリベンジなのだ。

3. 上司との喧嘩にまつわる「私の心得四ヵ条」

これまで書いてきた地雷のエピソードでも説明してきたが、けんかっ早いというか感情がすぐに顔に出てしまう私の失敗の経験から学んだこと。上司に対してすると後悔するポイントをまとめてみた。

一、上司のメンツをつぶさない。「そのひと言が上司を怒らせる」

上司のため、チームのためと、より改善したいと思う正義感から、よかれと思って進言したひと言が上司を激怒させる。

上司が激怒するのは上司の痛いところ、触れられたくない弱点をあなたが突いたからだ。上司のメンツを考えて行動に移そう。正論を口にすれば人間関係にヒビが入る。これは肝に銘じておくべきである。

二、一人で戦わない。「一匹オオカミは梯子《はしご》を外される」

自分一人で上司と戦っても恐らく勝ち目はない。上司はあなたより権力をもっているからだ。

たとえ同僚たちが上司に対してあなたと同じような不満を抱えていても、人は長いものには巻かれるものである。口ではあなたの味方のように普段はしゃべっていても、いざ、上司と喧嘩してあなたが不利になったとき、同僚たちは上司の側につくだろう。上司に訴えたいことがあったら、一人ではなく同僚たちと複数で考えて戦略を練り、上司に言いたいことを伝えよう。

三、上司と喧嘩して得することはひとつもない上司にかみつくと、負けて嫌な思いをするだけではない。あなたの評価は確実に下がる。あなたの言い分に対して、上司は会社の方針を持ち出し反論してくるだろう。それに対しさらに反論すると「素直じゃない部下」「聞く耳をもたない部下」のレッテルを貼られる。そうなれば、周りにもその評判が伝わり、結果的に損をするのはあなたである。

四、喧嘩したら謝るまでの時間をおいてはいけない

若気の至りというか、人間なので売り言葉に買い言葉となってついに喧嘩してしまうこともある。そんなときは、できるだけ早く謝ろう。タイミングはお互い冷静さを取りもどしやすい翌日の朝いちばんがおススメである。顔を合わせづらいからとメールやラインに頼っては逆効果。電話でも気持ちは伝わりにくい。ここは、上司に面と向かって「昨日は言いすぎました。申し訳ありません」と頭を下げよう。礼儀があり、器の大きいあなたを前にして、上司も反省することがあると思う。

おわりに

あなたの上司は、本当にダメなのだろうか？

あんなところ、こんなところもダメなのだけど、「ここはよいところですよ」と認めるところや尊敬できることもきっとあるだろう。

ダメなところがかえって人間的で許せたりもする。部下だって完璧じゃないからお互いさまなのである。

最初はダメな上司というレッテルを貼っていたけれど、仕事を一緒にするうちに、徐々に人間関係が好転していく場合もある。

いろいろな、上司と部下の関係があっていいのである。

一生同じ上司と一緒に働くわけではないのだから、その時々の上司を掌《てのひら》にのせて遊び心で接してもいいのかもしれない。

何の因果か、何の運命か、目に見えぬ赤い糸なのかわからないけれど、ご縁あって一緒に働くことになった上司との関係を改めて考えてみる機会にしてほしい！　上司との関係をもっと大事に思ってほしい！　この本を働く女性への「応援歌」としてお読みいただけるととても嬉しい。

本文中の事例の数々は作り話ではなく実際に職場で起こったことを書いてきた。

これらのエピソードに込められた私の思いは、「地雷を踏まないように気をつけてね」というメッセージと、「こんなふうに地雷を踏んでも、立ち直れますよ、だから心配しないで大丈夫」というメッセージである。

要は、地雷を踏まないように失敗しないように職場を歩くのではなく、あえて地雷を踏む。失敗を恐れない「勇気」をもってほしいと思う。

失敗の経験談は、バラエティーに富んでいたほうがいい。失敗の数々の引き出しがあるほうが、そこから多くのことを学んだ証しになる。

最後に、シンガーソングライター加藤登紀子さんの言葉を紹介する。

「見る前に飛んでいいのよ。恋も夢も仕事も！」

ゼロに何をかけてもゼロ。

はじめの一歩を踏み出してから全部見えてくるのよ。

失敗の武勇伝もまた人生の宝」　　加藤登紀子のひらり一言より（朝日新聞）

最後までお読みいただき本当にありがとうございました。


この本が世に出るきっかけをいただいた、さくら舎の古屋信吾編集長に心より感謝いたします。『伸びる女の社内政治力～面白く、長く働くためのコツ』（２０１６年発行）の第２弾として『ダメ上司のトリセツ』は実例を多く交えました。

「自分にブレーキをかけないように」とアドバイスをいただいたおかげで、気持ちよくアクセルを吹かして最後まで書くことができました。

２０１９年　５月吉日

著者略歴

熊本市に生まれる。熊本県立第一高校卒業後、住友信託銀行へ入行。以後、派遣・契約社員で、テレビ熊本、熊本県庁などで勤務。一九八九年シティバンク銀行へ転職。クレジットカード部門・銀行法人部門をへて、二〇〇一年人事部人材開発部門アシスタント・バイスプレジデントとなり、二〇年間を勤務。

「ダイバーシティ（多様性）」の研修講師の経験がきっかけとなり、働きながら立教大学大学院入学。二〇〇九年異文化コミュニケーション学修士取得。二〇一一年よりいくつかの大学の非常勤講師を務める。

著書には『伸びる女と伸び悩む女の習慣』（明日香出版社）、『伸びている女性がやっている感情整理の新ルール』（ＫＡＤＯＫＡＷＡ）、『伸びる女の社内政治力』（さくら舎）などがある。

ブログ「伸びる女！」になる秘密
http://sekishitamasayo.com

ダメ上司《じょうし》のトリセツ
——働《はたら》く女子《じょし》必読《ひつどく》！ 会社《かいしゃ》で地雷《じらい》を踏《ふ》まないために

二〇一九年五月一二日 第一刷発行

著者 関下昌代《せきしたまさよ》
発行者 古屋信吾
発行所 株式会社さくら舎 http://www.sakurasha.com
東京都千代田区富士見一-二-一一 〒一〇二-〇〇七一
電話 営業 〇三-五二一一-六五三三 ＦＡＸ 〇三-五二一一-六四八一
編集 〇三-五二一一-六四八〇 振替 〇〇一九〇-八-四〇二〇六〇
装丁 アルビレオ
印刷・製本 中央精版印刷株式会社

ISBN978-4-86581-199-5